鉄道「謎」巡礼

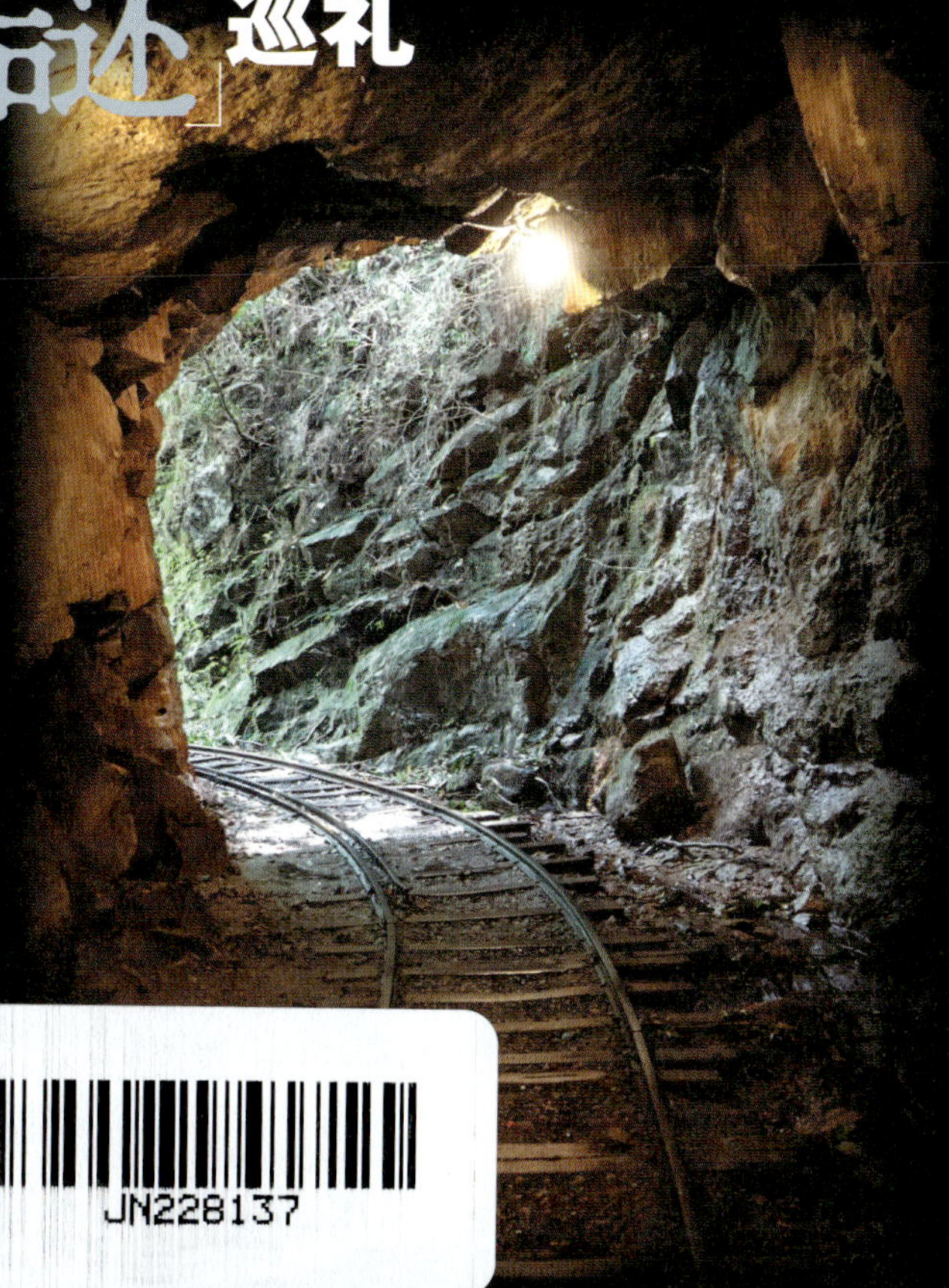

素掘りのトンネルの先へと続くレールの「謎」に、関心を掻き立てられる（P60）

鉄道には、数多くの「謎」が潜んでいる。乗り降りできない駅から、存在しないはずの展示車両まで、そのジャンルは幅広い。それらの謎には、なぜそうなったのか、必ず理由が隠されており、それらを巡礼してゆくと、予想外のエピソードに行き着いたり、納得の経緯にたどり着いたりする。今回はそれらの中から、選りすぐった37のテーマをお届けさせていただこう。

なお、本書の執筆に当たっては、大変多くの方にお話しを聞かせていただき、画像の提供をいただきました。お世話になったすべての方に、はじめにこの場をお借りして御礼を申し上げます。

それでは、鉄道「謎」巡礼へ、いざ！

目次

市街地にポツンと存在する煉瓦アーチ橋の「謎」を追った（P38）

ゼロから新設された「LRT」の「謎」を追った（P72）

鉄道「謎」巡礼

表紙・裏表紙デッサン　maYan

急カーブと急勾配が連続する「謎」を追った（P116）

廃線後のほうが賑わっている「謎」を追った（P66）

巡礼する

鉄道「謎」巡礼の全貌は、これだ！

わざわざ市街地の外へ出た位置に造られた駅が、なぜか存在する。その駅に降り立つため、山形県へと向かった（P16）

冬季になると全列車が通過する駅が、なぜか存在する。その駅の実態を知るため、青森県へと向かった（P12）

とんでもなく短い架線が終着駅に、なぜか設置されている。その架線を実見するため、栃木県へと向かった（P24）

一年に一本も列車が停まらない駅が、なぜか存在する。その駅の姿を見るため、福島県へと向かった（P20）

一般客の乗降が許可されない駅が、なぜか存在する。その駅と再会するため、福井県へと向かった（P34）

山奥に貴重な「ワラ1」が、なぜか保存されている。その姿を実見するため、群馬県へと向かった（P28）

第一章

「謎」の実地を

実物の「車掌車」を改装したコテージが、なぜか存在する。そのコテージに宿泊するため、山梨県へと向かった（P42）

小さな「煉瓦アーチ橋」が、なぜかポツンと残存する。そのアーチ橋を求め、福井県へと向かった（P38）

恐ろしく細い道が、なぜか東海道本線の下をくぐっている。その道を実際に歩くため、静岡県へと向かった（P52）

温泉に「115系電車」が美しい状態で、なぜか保存されている。その公開日に合わせて、長野県へと向かった（P46）

ものすごく細いレールが、なぜか島の奥へと続いている。そのレールを見届けるため、鹿児島県へと向かった（P60）

極めて乗降客の少ない駅が、なぜか存続できている。その駅の実態を見るため、高知県へと向かった（P56）

鉄道「謎」巡礼の全貌は、これだ！

思索する

「LRT」がまったくのゼロから、なぜか新設された。栃木県でそのワケを思索した（P72）

「廃線」になった後のほうが、なぜか賑わっている。秋田県でそのワケを思索した（P66）

「幕張豊砂駅」は、なぜか「幕張新都心駅」にならなかった。千葉県でそのワケを思索した（P82）

「幸谷駅」は、なぜか「新松戸駅」にならなかった。千葉県でそのワケを思索した（P78）

「京王動物園線」は、なぜか複線分の用地が確保されている。東京都でそのワケを思索した（P90）

「小川町駅」は、なぜか「淡路町駅」にならなかった。東京都でそのワケを思索した（P86）

第二章

「謎」のワケを

北陸新幹線「新高岡駅」は、なぜか高岡駅から微妙な距離にある。富山県でそのワケを思索した（P98）

「羽田空港アクセス線」は、なぜか一部が単線で計画された。東京都でそのワケを思索した（P94）

阪急電車は、なぜか「なにわ筋線」への乗り入れをめざす。大阪府でそのワケを思索した（P108）

「リニア中央新幹線」は、なぜかこんなに難航している。静岡県でそのワケを思索した（P102）

「ゆいレール」は、なぜか急カーブと急勾配の連続になった。沖縄県でそのワケを思索した（P116）

山陽新幹線「厚狭駅」は、なぜか開業までに時間が掛かった。山口県でそのワケを思索した（P112）

鉄道「謎」巡礼の全貌は、これだ！

肉薄する

苗穂工場に、なぜか「ワキ8000形」が留置されていた。北海道でその謎に肉薄した（P122）

古典台車を履いた「オハフ46形」が、なぜか存在している。岩手県でその謎に肉薄した（P126）

車齢100歳の木造電車は、なぜかクラファンに大成功した。山形県でその謎に肉薄した（P130）

未開業の幻の駅に、なぜか「車掌車」が保存されている。栃木県でその謎に肉薄した（P136）

第三章

「謎」の車両に

「北斗星」で活躍した食堂車が、なぜか住宅街で営業している。埼玉県でその謎に肉薄した（P140）

「丸ノ内線カラー」の元銀座線車両が、なぜか存在している。千葉県でその謎に肉薄した（P144）

現存しないはずの都電「5001」が、なぜか展示されている。東京都でその謎に肉薄した（P148）

深夜に火花を撒き散らしながら走る車両が、なぜか存在する。東京都と北海道でその謎に肉薄した（P152）

鉄道「謎」巡礼の全貌は、これだ！

「フリーゲージトレイン」は、なぜか実用化されていない。愛媛県と佐賀県でその謎に肉薄した（P160）

ずっとシートに覆われたままの車両が、なぜか存在している。東京都でその謎に肉薄した（P156）

宿泊が可能な「ブルートレイン」が、なぜか存在している。熊本県でその謎に肉薄した（P168）

「50系客車」は、なぜかとても薄い存在感で終わった。高知県と栃木県でその謎に肉薄した（P164）

鉄道の無い島に、なぜか「京都市電」が存在している。鹿児島県でその謎に肉薄した（P172）

第一章

「謎」の実地を巡礼する

なぜ、冬季になると全列車が通過する駅が存在するのか？（青森県）

「駅」とは、季節に関係なく利用が可能な施設であると、常識的にはイメージする。例外的に、海水浴シーズンや祭礼、催事のときに限って開設される臨時駅というものも存在するが、常設駅であれば、年中無休で列車が停車するものと普通は思ってしまう。

ところが、そんな常識がまったく通用しない駅が存在する。なんと、冬季になると全列車が通過してしまうという駅が存在するのだ。なぜ、駅が冬季に休止してしまうのか、実際に現地の様子を見に行ってみることにした。

県境の山あいにその駅は存在した

青森県平川市碇ヶ関折橋にあるＪＲ東日本・奥羽本線の「津軽湯の沢駅」は、秋田県との県境の近くに位置する山あいの駅で、12月1日から3月31日までの間、すべての列車が通過となってしまう。この休止期間中はホームの除雪も行われないため、雪がたんまりと積もった様子を通過する列車の中から目撃することになる。

私も雪国で暮らしていた時期があるのだが、雪が積もり始めると、それまでは自家用車や自転車で通っていた人たちも、鉄道の利用に切り替えるというケースが頻繁に見られた。このため、〝冬の時季にこそ鉄道は強い〟というイメージを漠然と持っていた。

その冬季にだけ休止してしまうのであるから、イメージとは逆行するのだが、実際に津軽湯の沢駅を訪れ、プラットホームに降り立ってみて、その理由が少しわかった気がした。ホームから周囲を見渡してみても、視界に入ってくるのは青々とした樹木ばかりで、人家らしきものがまったく見当たらなかったからだ。

冬季には休止してしまう津軽湯の沢駅のホームの様子。周囲は青々と茂る木々ばかりで、見回してみても人家は視界に入ってこない

ホームから階段を降り、線路の下をくぐるコンクリート製の通路を通り抜け、駅舎の中へと入ると、意外にもしっかりとした空間が確保されていた。

ただ、駅舎から外へ出ても、ひび割れだらけのアスファルトの道路が続いているだけで、人家はおろか、バス停も、自動販売機も、公衆電話も無いという有り様だった。

駅前に架かる橋を渡り、坂道を進んでゆくと、ようやく人家が何軒か姿を現した。それでも、建っているのは数軒だけで、商店などはなく、私が訪れたときには人の姿も見かけなかった。

津軽湯の沢駅が開設されたのは1949年のことであったが、駅周辺がずっとこんなに寂しい状態だったかというと、そうではなかった。〝湯の沢〟という駅名が示すとおり、かつては三軒の湯治宿が営業する温泉地の最寄り駅だったのだ。最寄り駅とは言っても、徒歩だと四十分前後は要したのだが、日帰り入浴も受け付けており、鉄道を利用して訪れる人も存在した。

湯の沢温泉は、津軽藩が発見して以来、四〇〇年程の歴史を持つとされており、とりわけ温泉成分が濃いことでも定評があった。強い硫黄の臭いとともに、湯の花が漂う温泉は、〝秘湯〟として人気を集めていた。

ところが、三軒あった湯治宿が相次いで廃業し、2012年には最後の一軒も廃業してしまったため、ついに温泉地としての灯が消えてしまった。

津軽湯の沢駅そのものも、当初はもっと集落に近い、国道7号線に沿った位置に設けられていたのだが、1970年に実施された奥羽本線の複線化に伴って、現在の位置に移された。急勾配と連続カーブを解消するために、新たに「矢立トンネル」が掘削され、ルートが変更されたためだった。

1970年の複線化とルート変更を機に、津軽湯の沢駅の駅舎も新しく建て直されたが、湯の沢温泉が閉湯となり、めっきり寂しくなった

駅舎は新しくなったのだが、集落からは離れ、木々に囲まれた立地となってしまった。さらには、湯の沢温泉も閉湯となってしまったことで、駅の周りは一段と静かになってしまった。

かつてはバスのほうが多かった！

津軽湯の沢駅が冬季休止になっても、地元から大きな異論が出ないなど、半ば見放されたような状態になっていたのだが、そうなっていた最大の要因は、並行して走っていた路線バスのほうが、かつては本数も多くて冬季も休止せず、誰も困らないという状況だったからだ。

津軽湯の沢駅から三〇〇メートルほど離れた旧碇ヶ関関所跡付近には、「岩渕公園前バス停」が設けられていたのだが、ここからは弘前バスターミナルまで直通する弘南バスの碇ヶ関線が、一日に十三本も設定されていた。津軽湯の沢駅を発車する弘前方面の列車は一日に八本で、しかも冬季に休止となってしまうのであるから、頼りにされないのも当然と言えば当然であった。

なぜ、津軽湯の沢駅が冬季に休止となってしまうのかという「謎」の解は、利用者が僅少であるということのほかに、かつては並行する路線バスが冬季でもしっかりと運行され、わざわざ手間と費用を掛けて駅の除雪をする必要性は低いと判断されていたであろうことが、現地の様子から伝わってきた。

ところが、この状況は、２０２４年4月1日から一変してしまった。弘南バスの碇ヶ関線が短縮され、平川市が運行するバスへと切り替わったのだ。これに伴い、週3日、上下合わせて5本と、大幅な減便になってしまった。

冬季休止駅の多くがたどる運命

津軽湯の沢駅が冬季に休止するようになったのは２０１８年12月1日からのことで、すでに五年以上が経過している。実は、過去に冬季休止に指定された駅の多くが、数年以内に廃駅の運命をたどったという現実がある。

たとえば、ＪＲ東日本・山田線の浅岸駅と大志田駅は、２０１３年1月1日から冬季休止駅となり、三年と少しが経過した２０１６年3月26日に廃駅となっている。

ＪＲ東日本・北上線の平石駅と矢美津駅も、２０１６年12月1日から冬季休止駅となり、五年と少しが経過した２０２２年3月12日に廃駅となっている。

こうした先例から類推すると、津軽湯の沢駅を待ち受ける運命も、最終的には廃駅ということになってしまいそうなのだ。

ＪＲ東日本では、新たに冬季休止駅に加えられた駅も存在する。それは奥羽本線の板谷駅と大沢駅で、２０２３年1月10日から冬季休止駅の仲間入りを果たしてしまった。

冬季休止駅の運命は変えられるか？

津軽湯の沢駅が、廃駅という宣告を受けてしまう日は、あまり遠い先のことではないのかもしれない。

それでも、冬季休止駅に一度なってしまったら、もう廃駅という運命は絶対に変えられないものなのだろうか。

もし、駅周辺の人口が急に何倍も増えるなどといった奇跡が起きれば、その運命からは脱却できるかもしれない。ただ、津軽湯の沢駅のケースで考えると、それは現実的にはあり得ない。

ならば、別の方法で駅の乗降客や収入を大きく伸ばすことができれば、廃駅という流れを変えることは可能かもしれない。

津軽湯の沢駅で乗降客を増やすことのできる一つの方法としては、平川市が運行している「碇ヶ関・平賀線バス」を、津軽湯の沢駅を経由するルートに変更することであろう。

地元の人々にとっては、「岩渕公園前」から改称された「湯の沢バス停」と津軽湯の沢駅が近いことは周知の事実に違いないが、遠方の人や旅行者にとっては、両者が近い位置にあることを事前に察知するのはなかなか難しい。

仮に路線バスが津軽湯の沢駅まで乗り入れていて、バス停の名前が「津軽湯の沢駅前」であったなら、ここで列車からバスへの乗り換えが可能だということのアピールになる。両者が接続していることを知れば、ここで列車を降り、バスに乗り換えたいという需要が、一定数は存在するかもしれない。

もちろん、それだけで廃駅を回避できるほどの大賑わいにはならないであろうから、駅そのものが持つポテンシャルをもっと活かして、収入を増やす別の手法も併用すれば、津軽湯の沢駅が存続できる可能性をもう少し引き上げることができるかもしれない。

ネーミングライツ、駅舎賃貸…

駅が持つポテンシャルで、直ちに収入に結びつけることができるのは、ネーミングライツであろう。最近の実例として挙げられるのが「えちごトキめき鉄道」で、同鉄道では、駅に新たな愛称をつけるネーミングライツを年間五〇万円以上で募った。その第一号として、新潟県上越市の企業が南高田駅の愛称のネーミングライツを取得した。

仮に津軽湯の沢駅で同額程度の契約締結が実現できれば、額面二〇〇円の乗車券を年間で二五〇〇枚ほど多く売ったのと同じ計算になる。ネーミングのセンスによっては、それ自体が集客効果に結び付く可能性もある。

さらには、現在は無人駅となっている駅舎をテナントとして貸し出せば、増収に繋げることが可能になる。駅という場所を借りたいという潜在的な需要もあるはずで、例えばアーティストが駅舎を工房として活用すれば、そこは制作の場所になると同時に、作品を見てもらう展示場ともなり、作品を販売する売場ともなる。冬季には列車が停まらなくなってしまうが、そのことを逆手に取って、制作に集中する期間に充てるのも一手かもしれない。

ほかにも、惜しまれながら閉湯となった湯の沢温泉からパイプを引き、駅舎内に足湯施設を造ることも妄想してみたが、パイプの敷設費用や、送湯中の温度低下などを考えると、とても無理そうなので諦めることにした。

来年の春、果たして「津軽湯の沢駅」は時刻表に載っているだろうか。

日中はとても静かな津軽湯の沢駅の駅舎。待合室は広々としているが、この日も地元の利用者の姿を見かけることはついに無かった

なぜ、わざわざ市街地の外へ出た位置に駅を造ったのか？（山形県）

「駅」とは、多くの人にとって利便性が高い位置に設けられるものと常識的にはイメージする。大都市の玄関口に当たる駅や、鉄道同士が交差する地点に設けられる乗り換え駅、大規模な公共施設や商業施設に隣接して設けられる駅などが、そのイメージの代表格と言える。

ところが、そんな常識がまったく通用しない駅というものが存在する。わざわざ市街地の外へ出た位置に駅が設けられているケースがあるのだ。なぜ、あえてその位置に駅を造ったのか、実際に現地の様子を見に行ってみた。

田んぼの真ん中に駅がある？

その駅の存在を知ったのは、羽越本線を走る特急列車の車中からだった。酒田駅を出発して、しばらくは市街地の中を走り、家並みが途切れて一面の田んぼの中へと走り出た先で、その駅は現われた。一瞬、見間違いかと思ったが、あれは確かに駅だった。

それからもずっと、その駅のことが気になっていたが、なかなか訪れるチャンスは巡ってこなかった。所用で秋田まで出かけた帰り、思い切ってこの駅に降り立ってみることにした。

夜、酒田駅から羽越本線の上り普通列車に乗った。酒田駅前には交流拠点施設「ミライニ」がオープンし、中央図書館のほか、レストラン、ホテル、案内所なども揃っていて、列車の待ち時間を快適に過ごすことができた。

酒田駅を発車してからは、両側に市街地が続き、新井田川を渡ってからも、家々が線路の両側に続いた。それぞれの家からは明かりが漏れていて、生活感に溢れていた。国道7号線の下をくぐると、今度は工場や事業所が並ぶようになり、建物の間隔が少し開いたが、それでもまだ市街地の中を走り続けていた。

異変が起きたのは、「こあら跨線橋」をくぐってからだった。家並みが突然消えてなくなり、辺りが急に真っ暗な世界へと切り替わった。以前に特急列車の車内から見た、田んぼの真ん中へと走り出たのだった。

それから七〇〇メートルは走っただろうか、列車はようやく停車した。「東酒田駅」だった。酒田駅からは三・二キロ、所要時間は四分であった。

下車したのは私だけで、他に乗り降りする人は誰もなく、列車は扉を閉めて走り去っていった。

東酒田駅に降りてまず驚いたのが、その駅舎の大きさだった。左側に待合室の扉、中央に駅員用の扉、右側には事務室の窓が並び、ちょっとした主要駅を思わせる貫禄だった。待合室の中に入ってみると、右側には手荷物と小荷物の取扱所、左側には出札口が姿を留めていた。窓口の部分こそ板で塞がれていたが、石板を用いた立派な台はそのままで、駅員たちが忙しく働いていた頃の面影が感じられた。現在はとても静かな無人駅である。

東酒田駅には立派な出札口など有人駅時代の面影が残るが、駅周辺は人家もまばらで、夜などは一面の闇が広がる寂しい光景となる

駅舎を出た正面には数軒の民家が建っていたが、その先では、もはや一番近い民家がどこなのかわからないほど、明かりの見えない闇がどこまでも広がっていた。

そのような周囲の寂しい情景は、そのまま数字にも反映されていて、東酒田駅から乗車する人の数は、一日平均で一桁に留まるという。こうして現地まで来てみたが、当初の「謎」はむしろ深まるばかりだった。いったいなぜ、わざわざ市街地の外へ出た、民家が数軒しかないこの場所に、これだけ立派な駅を造ったのだろう。

当初は旅客を扱っていなかった！

その解は、私の予想とはまったく異なるものだった。１９４４年に開設された当初は、そもそも旅客を扱わないことが前提の「信号場」だったのだ。この場合の信号場とは、単線区間の途中で、列車同士の行き違いができるように設けられた部分的な複線のことで、原則として旅客は乗り降りできないことになっていた。信号場を新設したい場合には、むしろ人家が少ないところのほうが、立ち退きが少なくて、工事も進めやすいといった利点がある。まさにこの田んぼの中の立地こそが好都合だったわけである。謎が一気に霧散した想いだった。

東酒田信号場はその後、１９５８年に旅客も取り扱う東酒田駅へと昇格、１９６２年7月には砂越～東酒田間、同年11月には東酒田～酒田間の複線化も完成し、東酒田駅で列車の行き違いを行う必要性も無くなった。１９７２年には、新津～酒田間の多くの駅で荷物取扱廃止と駅員無配置化が実施され、東酒田駅も時を同じくして無人駅となった。現在も残る、どっしりとした駅舎は、有人駅だった頃の姿をそのまま保っているというわけだった。

立地が惜しい駅は他にも

東酒田駅のように、せっかく賑わいのあるエリアを通りながら、そこには駅が無く、そのエリアを通り抜け、だいぶ進んでから駅が現れるという、とても惜しまれるケースは、全国各地に散見される。

そのうちの一つが、福井県を走るJR西日本の越美北線(九頭竜線)だ。越前花堂駅を発車したあと、「福井県産業会館」や「福井県中小企業産業大学校」、「福井県生活学習館 ユー・アイふくい」などが集積するエリアのすぐ南側を通過して行くが、ここには駅がなく、そこから一キロ近く走った田んぼの中に「六条駅」が現れる。六条駅の一日の平均乗車人員はわずかに一桁で、現地の景観を見れば頷ける数字だった。駅の位置がもう少し西側だったらと、惜しまれる状態ではあった。

このような、欲しい位置に駅がなく、そこから離れた場所に駅が現れるというケースの大多数に共通するのが、日本国有鉄道(以下、国鉄)の時代に造られた駅であるということだ。

当時の国鉄に課せられた使命として、国土の均衡ある発展、乗車機会の公平な提供というものがあったと考えられ、その配置が偏らないよう、意図的に分散させたと見られる駅も存在した。その結果、需要と供給がマッチしない駅というものも誕生してしまった。

もう一つ、旧国鉄時代に駅が分散して設置された理由として、当時の列車は蒸気機関車が牽引していたことが挙げられる。蒸気機関車の場合、加速に時間がかかるため、せっかくスピードが上がってきても、すぐに次の駅が現れると、停車後の加速でまた時間を取られてしまう。駅間距離がある程度必要だったという事情もあったのだ。

駅を動かしてしまった実例も

欲しい位置に駅がなければ、駅を動かしてしまえばいいという、そんな大胆なことを実際にやってのけたのが、JR北海道・宗谷本線の「東風連駅」だ。東風連駅を一・五キロほど北に動かし、「名寄高校駅」と改称したのだ。

新しい駅名からもわかるとおり、東風連駅の時代から、利用者のほとんどが沿線にある名寄高校の生徒たちで、約二〇分の道のりを歩いて通っていた。宗谷本線が名寄高校のすぐ傍を通過していたことから、生徒たちの利便性向上と、鉄道の活性化を図って、名寄市がおよそ六〇〇〇万円の費用を負担して、駅の移設を実現したのだ。

この移設を機に、それまで一日八本しか停まらなかった列車が、一気に二十四本も停まるようになった。このとき、新聞に紹介されたJR北海道・旭川支社長の言葉がまた心憎い。

「生徒の皆さんが、列車の時間を気にせず、学業や部活に励んでもらえたらうれしい」

欲しい位置に駅を動かすことは、もちろん簡単なことではない。それでも、より多くの人が利用しやすい場所に駅を動かすことで、駅に新たな魅力が生まれ、地域と鉄道の両方が活性化される可能性だってある。この東風連駅↓名寄高校駅の成功例は、よきお手本として在り続けるに違いない。

東風連駅は、2022年に1.5キロの引っ越しが実現、同時に「名寄高校駅」へと改称され、停車する列車の数も一挙に三倍まで増えた

「こあら駅」実現の可能性は？

　翻って、東酒田駅の場合を考えてみると、駅の位置があと七〇〇メートルほど酒田駅寄りであったなら、現在よりも利用する人が増える可能性があるのではないだろうか。

　位置としては、「こあら跨線橋」の付近が最適になりそうなのだが、この周辺は、冒頭でもご紹介したとおり、工場や事業所が多く所在し、集合住宅や介護関連施設、動物病院、歯科クリニック、飲食店なども集積している。

　しかも、このエリアの地名が平仮名で「こあら」なのだ。もし、そのまま駅名に採用すれば、「こあら駅」が誕生することになる。

　このユニークな地名が生まれたのは2001年のことで、それまでは「古荒新田」という地名であったのが、区画整理事業に伴って「こあら一丁目」、「こあら二丁目」、「こあら三丁目」に改められた。オーストラリアに棲息する「コアラ」とはまったく関連性は無いのであるが、「こあら」に所在するあちこちの施設に「コアラ」のイラストが添えられていて、街ぐるみで楽しんでいる様子が窺えた。

　しかも、これだけではなかった。2013年には、大手菓子メーカーのロッテが、「コアラのマーチ」のキャンペーンを実施し、その中で「こあら」の地名に惹かれた〝さくらんぼコアラ〟が酒田市を訪問するという演出も実現したのだ。市役所もこれに呼応し、さくらんぼコアラに特別市民証を授与するという一幕まであった。

　そんな酒田市に「こあら駅」が誕生したら、そのとき以上の大きな反響を巻き起こすことは必至であろう。

　駅の装飾に「コアラ」を採り入れ、こあら駅限定のグッズを製作すれば、こあら駅を目当てでやって来る観光客も現れるに違いない。

　東酒田駅の駅舎は1959年の建築で、すでに築六十五年に達している。もしいつか、建て替えを検討するときが来たら、そのときには、もっと多くの市民にとって使いやすい位置に移すことも検討して良いのではないだろうか。そうすることで、これまでとは違った輝きを放ち始めるかもしれない。

なぜ、一年に一本も列車が停まらない駅が存在するのか？（福島県）

「駅」とは、いつか列車が停車するための施設であると、常識的にはイメージする。しかし、一年に一本も列車が停まらない状態が、二〇年近くにわたって続いている駅が存在する。

それが、JR東日本・磐越西線の「猪苗代湖畔駅」だ。なぜ、これほど長期にわたって、廃駅にもならずに存置されているのだろうか。その実態を探るためには、やはり現場に赴くのが確実だということで、その駅に向かった。

隣駅から徒歩で向かう

猪苗代湖畔駅に列車から降り立つことがまったく不可能であるので、隣駅の上戸駅で下車して、徒歩で向かうことにした。磐越西線はこの区間を小坂山トンネルでショートカットしてゆくが、並行する国道49号線は猪苗代湖に沿って進み、短い上戸トンネルを抜けて猪苗代湖畔駅の付近へと到達する。猪苗代湖の光景をのんびりと眺めながら歩いたせいで、上戸駅を出てから、すでに一時間近くが経っていた。

最初に目に飛び込んできたのは、右手にトーチのようなものを持った、高さが数メートルはあろうかという白い栄光の女神像と、「ようこそ猪苗代湖畔駅」という看板だった。

「ようこそ猪苗代湖畔駅」の看板に出迎えられたが、20年近くにわたって列車は停車していない。木々の奥に簡素なホームが見える

長らく休止状態が続いていて、乗降も叶わない猪苗代湖畔駅であるのに、〝ようこそ〟とは、ずいぶんと皮肉が効いた看板だなと思ったが、おそらくそういった意図はなく、駅が営業していた当時のものが、そのまま残されているだけなのであろう。

その看板の奥には、簡素な姿のプラットホームも見えていた。ホームは一本だけで、向かって右側に階段が取り付けられており、階段の先には小さな木造の小屋が建てられていた。これが猪苗代湖畔駅のかつての切符売場だった。訪れた時点でも、すでに建物はかなり老朽化していたが、その後には落書きなども加わって、一層惨めな姿に変わり果ててしまった。

沿線の観光地の人気は続く

猪苗代湖畔駅のほうは、2007年度に最後の停車があって以来、もう二〇年近くも営業実績がないため、さすがにミゼラブルな姿となりつつあるが、駅が立地する「志田浜」のほうは、現在でも湖畔で一番の人気を集める観光地で在り続けている。

レストランやカフェ、土産物店、ペダルボート乗り場、キャンプ場などがあり、広い駐車場を頻繁に車が出入りしていた。

七月から八月にかけての遊泳シーズンには、さらに多くの観光客が押し寄せ、国道49号線ではたびたび渋滞も発生するほどだ。

このような状況を商機と捉え、鉄道事業者が動いたことが過去にもあり、1962年から1967年にかけては、猪苗代湖畔駅からすぐ近くの位置に、「志田浜仮乗降場」が設置されたこともあった。

そして約二〇年を経た1986年に、ほぼ同じ位置に開設されたのが猪苗代湖畔駅というわけだった。

当初は三両編成しか停車できなかったホームも、のちに延長されて六両編成が停車できるように改良されるなど、このときも前向きな姿勢で取り組みが行われていた。

ただ、2000年以降の駅の利用はあまり振るわなかったようで、記録に残っている2000年度の一日平均乗車人員が五人、その後の年度でも五人、三人、〇人といった具合で、2007年度の営業を最後に休止となってしまった。

ホームの階段の脇には小さな切符売場も設けられていた。ただ、その後に悪質な落書きの被害に遭い、悲しい姿になってしまった

現地の様子を見た限りでは、決して立地が悪いわけではなかった。むしろ、観光地にこれだけ近いという恵まれた立地にありながら、駅としての能力を発揮しきれていなかったのではなかったかと思われた。

なぜ長期にわたって休止が続く？

最晩年の利用が振るわず、駅が休止になってしまったことまでは理解できた。では、なぜ一年に一本も列車が停まらない状態のまま、二〇年近くにわたって駅が存置されているのか、その点は「謎」のままだった。

「もう、存在自体が社内でも忘れられているのでは？」、そんな外野の声も聞かれるほどであったが、現地を訪れて気づいたことがあった。それは、休止状態にありながら、駅の手入れは引き続き行われていることだった。

中でも最大の変化であったのが、休止以降に駅名標が新しく作り直されたという点だった。営業最終年度に掲げられていた駅名標は、平仮名で「いなわしろこはん」と大書された国鉄様式のものだったのだが、それが漢字で「猪苗代湖畔」と大書されたＪＲ東日本様式のものに取り替えられていたのだ。両隣の駅名の位置には、コーポレートカラーであるグリーンの帯がしっかりと入れられていた。

長期の休止状態にもかかわらず、駅名標が新しいものに取り換えられていた。営業最終年度の駅名標は、平仮名の国鉄様式のものだった

このことからも、猪苗代湖畔駅は、営業再開に向けての可能性が、ずっと温められていたことが推察された。

そこには、鉄道事業者の方針だけではなく、地元自治体や観光事業者の意向や希望を反映させていた可能性も考えられた。

なぜ、一年に一本も列車が停まらない駅が、二〇年近くにわたって存在し続けているのかという「謎」の解は、どうもこのあたりにありそうだった。

ただ、その後も営業再開の機会は訪れず、ホームも切符売場も着実に老朽化が進んでしまっている。もし仮に営業を再開するとしても、ホームも切符売場も大幅な改修を必要とするのは確実で、時間が経てば経つほど、営業再開のチャンスが一層しぼんでしまうことは避けられない状況だった。

各地の休止駅がたどった道

猪苗代湖畔駅のように、営業が休止されてしまった駅というのは、これまでにも数多く存在した。直ちに廃駅とするのではなく、いったん休止というプロセスを挟むケースが存在するのは、地元自治体や住民との合意形成に時間を要する場合もあるからだと思われる。

ただ、残念ながら、休止というプロセスを挟んだとしても、最終的にそれらの休止駅がたどった道のりは、概して厳しいものとなった。

ＪＲ東日本・仙山線の八ツ森駅は、近くにあったスキー場への利便性を図って開設されたが、利用客の減少で２００２年に休止となり、２０１４年に廃駅となった。

同じく仙山線の西仙台ハイランド駅も、近くにオープンしたレジャー施設への利便性を図って開設されたが、２００３年に休止となり、２０１４年に廃駅となった。

近年では、ＪＲ東日本・山田線の平津戸駅が、利用者の減少で２０２２年に休止となり、２０２３年に廃駅となっている。

これらの事例が示していることは、工事などによる一時休止で初めから再開予定が決まっている場合を除けば、いったん休止駅になってしまうと、営業再開にこぎ着けることは極めて難しく、ほとんどの場合は廃駅への道をたどることになるという現実だった。

活かし方次第で観光資源に？

では、猪苗代湖畔駅のお先は完全に真っ暗かというと、そうとばかりも言えないように思われる。二〇年近くも休止状態にあるという駅は全国的にも極めて珍しく、活かし方次第では、駅そのものを観光資源とすることも可能だと思われるからだ。

たとえば、猪苗代湖畔駅を舞台としたミステリー作品を公募して、寄せられた作品を広く周知してゆけば、舞台となった駅は〝聖地〟として認知されてゆくかもしれない。

そして、駅の認知度がある程度高まれば、猪苗代湖畔駅に〝停まるだけ〟の特別列車の運行を企画してみるのも面白いかもしれない。

ホームの現在の老朽具合を考えると、大勢の人たちが乗り降りするのは心許ない状態だが、「運転停車」という形で、ホームに横付けして停まるだけなら、安全面での問題は生じない。

停車時間を長めに確保して、ゆっくり記念撮影を楽しんでもらえれば、この列車に乗った人だけが体験できる特別な機会として、関心を持ってもらえるのではないだろうか。

ミステリーファンをターゲットとした特別列車のほかに、鉄道愛好家をターゲットとしたツアー列車も企画すれば、反響はより広がりそうだ。

もちろん、それらの反響が大きくなって、いよいよホームを改修するだけの需要が見込まれる段階にまでなったら、しっかりとホームを改修して、正式な営業再開となればベストだ。

そのときには、過去に成績が振るわなかった原因を探り、たとえば夏季だけに限定した営業とせず、通年で観光客を呼び寄せるような工夫を加えるなど、再び休止駅に逆戻りさせないための方策も盛り込みたいところだ。

猪苗代湖畔駅を見届けた私は、一つ先の関都駅を目指して歩き始めたが、ちょうど電車が差し掛かり、速度を落とすことなく豪快に通過していった。

猪苗代湖畔駅のホームは老朽化が進んでおり、このまま営業を再開することは難しいが、工夫次第で観光資源とすることもできそうだ

なぜ、とんでもなく短い架線が終着駅に設置されているのか？（栃木県）

電車を走らせるための「架線」は、走行が想定されているすべての区間に張り巡らされているものと、常識的にはイメージする。

ところが、栃木県内を走るＪＲ東日本・烏山線では、宝積寺駅から烏山駅までのほとんどの区間に架線が張られておらず、終着駅の烏山駅の構内に、わずかな区間で架線が張られているだけに留まっている。なぜ、とんでもなく短い架線が終着駅付近にだけ設置されているのだろうか。

もともと全線非電化だった烏山線

烏山線は、宝積寺駅と烏山駅を結ぶ全長二〇・四キロのローカル線で、両端を含めると全部で八つの駅がある。以前に烏山線を走っていた車両は、国鉄時代に造られた汎用タイプのディーゼルカーである「キハ40形」だった。キハ40形は軽油を燃料として走るため、架線を必要とはしていなかった。

この烏山線に、２０１４年から蓄電池駆動の電車が導入されることになった。「ＡＣＣＵＭ（アキュム）」の愛称を持つ、「ＥＶ‐Ｅ３０１系」という電車で、キハ40形と順次入れ替えられ、２０１７年には全八両が揃ってＥＶ‐Ｅ３０１系に統一された。

このＥＶ‐Ｅ３０１系の最大の特徴は、蓄電池から供給される電気を使って、架線のない区間でもモーターによる走行が可能だという点だ。

蓄電池への充電は、架線のある宇都宮駅〜宝積寺駅間の走行中と、宝積寺駅での停車中、そして烏山駅での停車中に行われる。終着駅である烏山駅に設置されている、このとんでもなく短い架線の「謎」の解は、ＥＶ‐Ｅ３０１系に充電するためのものだった。

急速充電には不可欠な剛体架線

烏山駅に設置されている架線は、車両一両分ほどの長さしか無く、しかもやたらと太く、架線柱の間隔も通常よりずいぶんと狭い。その理由は、これが「剛体架線」だからであった。

剛体架線は、文字通りに架線が棒状の太い剛体となっており、これによって通常の架線よりも大きな電流を流すことができるのだ。

烏山駅に設けられている、とんでもなく短い架線の正体は「剛体架線」で、これによって折り返しまでの停車中に急速充電が可能となっている

烏山駅での停車中に、蓄電池に急速充電ができるのは、この剛体架線のおかげであった。これがもし、通常の架線であったなら、大電流で焼き切れてしまう恐れもあるのだ。そして剛体架線は重量があるため、架線柱も通常より密に建てられているのであった。

剛体架線は、大電流に対応できるというメリットがある反面、集電装置の摩耗や離線が多くなるというデメリットがあり、柔軟性がないため高速運転には不向きという弱点を持つ。しかし、烏山駅のように、停車中の急速充電に使用する場合には、摩耗や離線ということとは無縁であるので、まさに条件としてピッタリなのであった。

蓄電池駆動電車に至適だった環境

蓄電池駆動電車であるＥＶ－Ｅ３０１系の導入は、ＪＲグループでも初めての試みであったが、初導入に烏山線が選ばれたのは、さまざまな点で条件がマッチしていたからだった。中でも大きかったのが、距離が二〇キロ程度の平坦路線であることだった。

ＥＶ－Ｅ３０１系に搭載されているリチウムイオン電池は、フル充電で四〇～五〇キロの走行が可能であるとされているが、それは平坦路線、かつ無停止であった場合の数値であって、山岳路線や長距離運用には不向きであることは当初からわかっていた。

さらに烏山線の場合、多くの列車が宝積寺駅から先で、電化路線の宇都宮線に直通で乗り入れていることも有利に働いた。ＥＶ－Ｅ３０１系は、電化区間では架線より取り込んだ電気でそのままモーターを駆動させることができ、蓄電池の充電率が低い場合には、架線からの電気で蓄電池の充電も行うことができるからだ。

架線認識装置という優れモノ

烏山駅に設けられている剛体架線は前述のとおり、とんでもなく短いため、急速充電を安全に行う目的で、ＥＶ－Ｅ３０１系には「架線認識装置」という優れた機器が搭載されている。

この装置は、メーカーからの情報によれば、「地上からの地点情報を受信し、車両がどの架線状態の場所にいるのか、自動で認識が出来る」、というものであるとのことだ。これにより、架線が無い位置で誤ってパンタグラフを上げてしまうエラーを未然に防いでいる。

烏山線で2014年から運用されているEV-E301系には「ACCUM（アキュム）」の愛称が付けられ、2017年には全列車がEV-E301系に統一された

さらには、急速充電中に誤って車両を動かしてしまったり、パンタグラフを上げ下げしてしまったりといったエラーが起きないよう、常時モニターしている。これによって、パンタグラフの破損や架線の溶断が起きることを防いでいる。それだけでなく、架線条件によって充電電流の制限を行うような機能まで備わっている。

ＥＶ－Ｅ３０１系は、電化区間ではパンタグラフを上げ、非電化区間に入るとパンタグラフを下げ、終着駅に着くと急速充電のためにまたパンタグラフを上げ、といった操作が繰り返されるため、一連の操作をサポートする架線認識装置は重要なのであった。

ブレーキで発生する電力も活用

ＥＶ－Ｅ３０１系では、非電化区間における電源が蓄電池に限られることから、電力を有効に活用する機構も採り入れられており、ブレーキを使用した際にモーターから発生する電力は、インバータ制御装置によって直流６３０Ｖに変換され、蓄電池の充電に活用される。

電化区間においても同様であるが、さらに電力が余剰となった場合には、コンバータ装置によって直流１５００Ｖに昇圧され、パンタグラフを介して架線へと戻す仕組みまで備わっている。

電化至上主義に風穴を開ける？

電化こそが近代化という風潮は、国鉄時代から脈々と続いており、とりわけ蒸気機関車から電車へと切り替える無煙化においては、それが顕著だった。その後も電化こそが地域振興に繋がるという発想は根強く残り、例えばＪＲ西日本・小浜線では、１９７０年に沿線の小浜市で総合開発計画に盛り込まれて以来、三〇年にわたって電化の要望運動が続けられ、２０００年に着工、２００３年に電化開業にこぎ着けたというケースも存在する。

一方、ＪＲ東日本・磐越西線の会津若松駅～喜多方駅間では、電化区間の設備を撤去して非電化に戻すことを地元に打診したところ、沿線から猛反発が起きたというケースもあった。同区間では、すでに大半の列車がディーゼルカーで運行されており、利用者への影響は軽微とみられていたが、電化から非電化に戻ることの心証に与える影響の大きさは、想像以上だったようだ。

EV-E301系の接客設備は、首都圏で広く使われているE233系などと同等のレベルで、電化至上主義に風穴を開ける存在となりつつある

近年では、ディーゼルカーの走行性能や居住性は飛躍的に向上しているが、それでも電化に対する信仰にも近い感情には変わり難いものがあるようだ。そうした中で、ＥＶ－Ｅ３０１系が果たした大きな役割は、沿線に数多くの架線柱を建てたり、長い架線を張ったりせずとも、電車の運行は可能であると証明したことだ。そのことで、初期費用の抑制はもちろん、メンテナンスコストの削減も可能となり、二酸化炭素の排出量も、従来のディーゼルカーと比べて六割減になったという。

接客設備の点でも、静粛性の点でも、中央本線や東海道本線などの首都圏の路線で広く使われているＥ２３３系とほぼ変わらないレベルになっている。利用者にとっては、頭上に架線があるか無いかの違いなど、ほとんど気にならない点であろう。

従来は、費用対効果の面で割に合わないとして、電化を諦めていたローカル線でも、とんでもなく短い架線による充電設備と蓄電池駆動電車の組み合わせで、電化と変わらない快適性の実現が証明されたわけであるから、これまでの電化至上主義に風穴を開けることに繋がってゆくかもしれない。

これからも続く進化

ＥＶ－Ｅ３０１系が実用に至った最大の要因は、従来よりも小型化された大容量の蓄電池を調達できるようになったことだった。それまでは、重い鉄道車両を動かせるだけの性能を持った蓄電池が存在しなかったのだ。

ＥＶ－Ｅ３０１系への搭載にあたっては、安全性を確保するため、蓄電池箱を床下に完全に隔離された状態で設置し、そのスペースを捻出するために、ブレーキ制御装置を車内に移すなどの工夫も重ねられた。

ＥＶ－Ｅ３０１系は数々の新機軸が評価され、２０１５年に鉄道友の会よりローレル賞を授与された。

蓄電池駆動電車はその後、ＪＲ九州・筑豊本線や、ＪＲ東日本・男鹿線でも導入されている。日本の鉄道の総延長はおよそ二万キロであり、そのうち電車が走ることのできる区間は約六割に留まっていることから、今後さらなる大容量のリチウムイオン電池が開発されれば、将来的には蓄電池駆動電車が非電化路線の主力車両へと育っていく可能性も考えられそうだ。

秋田県内を走る男鹿線でも交流用の蓄電池駆動電車・EV-E801系が導入され、同じく「ACCUM（アキュム）」の愛称が付けられている

なぜ、山奥に貴重な「ワラ1」が保存されているのか？（群馬県）

群馬県の山奥には、「黒貨車のエース」とも呼ばれていた、貴重な貨車の「ワラ1」が保存されている。

本来は鉄道をテーマとする大規模な博物館に展示されていてもおかしくないぐらいの存在であるのだが、ローカル線に揺られ、さらには一日四往復の路線バスに乗り継がなければたどり着けない山奥に保存されている。なぜ、貴重なワラ1は、このような山奥に保存されているのであろうか。

ワラ1が保存されている六合とは？

ワラ1が保存されているのは、群馬県中之条町の六合地区にある「旧太子（おおし）駅」だ。六合地区は、北側に県境の高い山々がそびえる山奥のエリアに当たり、2010年に中之条町と合併するまでは、独立した「六合村」であった。「六合」と書いて「くに」と読むのであるが、これは日本書紀のくだりに由来する由緒正しき地名であるという。

国鉄「ワラ1形」とは？

そんな六合地区の旧太子駅には、2023年から、国鉄を代表する有蓋車のひとつであるワラ1形のトップナンバー車が展示されている。

有蓋車とは、箱形で屋根を持った鉄道車両のことを指し、雨に濡れては困る貨物を運ぶのに広く重用された。そしてワラ1形は、国鉄が1962年から1966年にかけて一七、三六七両も導入した、車体が黒色の有蓋車であった。従来より二トンも多い、十七トンの積載が可能となったことから、「黒貨車のエース」と呼ばれて荷主たちからもてはやされた。

貨物輸送の主力が鉄道であった当時は、貨車が引っ張りだこの状態で、出荷をしたくても、なかなか希望通りに貨車が配車されて来ないこともしばしばだったという。その点、ワラ1形は積載効率が高かったことから、荷主たちに好評で、逆に荷役の作業員からは、ワラ1形はなかなか積み終わらないと愚痴がこぼれたほどだったという。

六合地区には、1971年までは長野原線（現・吾妻線）の支線が延び、「太子駅」が設けられていた。1966年までは貨物の取り扱いも行われていて、当時の長野原線を走る貨物列車には、ワラ1形が連結されているシーンも確認されている。

そんなワラ1形であったが、前述のとおり、積み下ろしに人手を要するのが弱点であった。側面の扉が端から端まで開くタイプの有蓋車では、フォークリフトでの荷役が可能であるため、次第に主力はそちらに移り、ワラ1形はエースの座から転がり落ちた。そして1987年までには全車が除籍され、

ＪＲへは一両も引き継がれなかった。

唯一の原形の保存車がピンチ！

一七、三六七両もの製造両数を誇った「黒貨車のエース」であったが、鉄道車両としての役目を終えてからも、別のジャンルでエース級の人気を保ち続けた。それは、廃車体の販売の場においてであった。倉庫や店舗などに転用したい購入希望者からは、他の有蓋車よりもひと回り大きいワラ１形に、熱い視線が注がれたのだった。

稼働を止めた操車場の片隅では、ワラ１形の車輪などが切り離され、車体だけがトラックに載せられて、全国の購入者の元へと次々に運ばれていった。そうした人気も影響したのか、本来はエポックメイキングで歴史的意義を有するはずのワラ１形であったのに、博物館や公園などで保存された例がほとんどなく、わずかに二両が公的施設で残されていたに過ぎなかった。

そのうちの一両は、石川県金沢市の西部緑地公園に保存された「ワラ１０３６３」であったが、蒸気機関車「Ｄ５１ ５２２」の添え物のように置かれていただけで、しかも蒸気機関車のほうには大きな屋根が架けられていたのに、ワラ１０３６３のほうは雨ざらしの状態であった。さらには、車体の両端の鉄板がくり抜かれて窓が設けられてしまい、保存というよりは、倉庫代用というのが実態であった。

そんな状況下で、いよいよ原形で残る最後の一両となっていたのが、香川県多度津町のＪＲ四国・多度津工場に保存されていた「ワラ１」だった。

こちらは一七、三六七両が製造されたワラ１形の最初の一両として試作された由緒正しき「トップナンバー」であり、毎年十月に開催される多度津工場の一般公開では、このワラ１を目当てに訪れるファンもいたほどだった。

ＪＲ四国が自ら保存しているということで、ワラ１の未来は安泰だと誰もが思っており、私もその一人だった。

ところがある日、ＪＲ四国より「多度津工場の大規模な設備更新にともなって、ワラ１を置いておくことが困難になった。貴重な貨車という事もあり、内々に引き取り手を探して欲しい」との相談を受けた。

思いもよらない内容に衝撃を受けたが、すぐさま、お引き受けすると回答を送った。

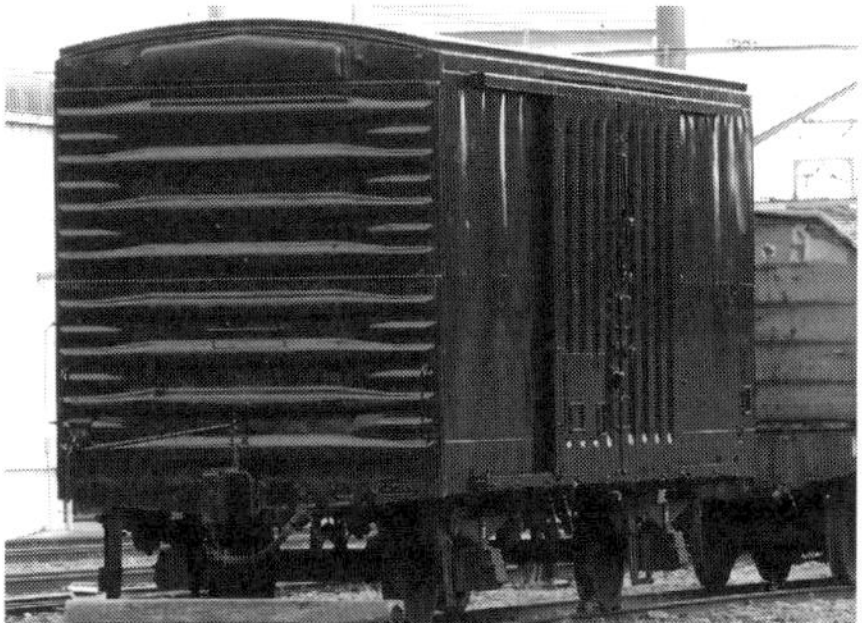

17367両が製造された国鉄を代表する有蓋車のひとつであったが、原形での保存車はJR四国の多度津工場に保管されていたワラ1が唯一だった

ただ、引き受けたことの責任は重大であった。なにしろ、私の働き如何で、貴重なワラ1が生き永らえるか、それとも消滅してしまうか、その命運が左右されることになったからだ。

全国三〇箇所への打診が全滅…

ワラ1の持つ歴史的価値は、私などが語るまでもなく自明であるが、その最大の意義は輸送力の向上にあった。それまでの有蓋車と比べて二トンの増積を実現したことはすでに述べたが、そのために耐候性高張力鋼板を採用して軽量化を図るなど、国鉄とメーカーが総力を結集して誕生させた画期的な車両であったのだ。設計の元となった「ワム60000形」の製造両数が八五八〇両であったのに対し、ワラ1形は倍以上の一七、三六七両が製造されたことからも、いかに完成度の高い車両であったかが窺われる。

そのようなワラ1形が、全国のどこの博物館にも公園にも原形で保存されることがないまま、せっかく現存しているトップナンバーがピンチに直面していたのだ。これで事の重大さがお分かりいただけたことであろう。

このとき、このミッションをもっとも難しくしていたのが、事態を公表できないということであった。ワラ1の受け入れ先を広く公募するといった手法も、クラウドファンディングによって移設資金を募るといった手法も、このミッションでは完全に封印せねばならなかった。残された手法はただ一つ、各地の博物館や公園の一つ一つに、私が直接の打診をすることだけだった。

それでも、当初の私は楽観していた。ワラ1の歴史的価値を考えれば、受け入れを希望する施設はすぐに見つかると踏んでいたのだ。

しかし、その甘い予測は完全に打ち砕かれることとなった。打診した施設から、辞退の回答を受け取ることが続いたのだ。当初は一つの施設に打診して、その回答を待ってから次の施設に打診していたのだが、あまりに辞退ばかりが続くので、このままでは間に合わないと考え、それからは複数の施設に同時に打診を行うように改めた。それでも、結果が変わることはなかった。ついには、国内の主要施設、およそ三〇箇所へ行った打診が全滅という無惨な結果に終わり、いよいよ私も追い詰められた。

最後の頼みは「旧太子駅」

旧太子駅は、付近の群馬鉄山で採掘が行われていた鉄鉱石を京浜工業地帯へと運ぶ目的で、戦時中の1945年に開業、構内には鉱石を「無蓋車」に積み込むための大規模なホッパーも設けられていた。無蓋車とは、囲いだけを設けた鉄道車両のことで、ちょうどトラックの荷台部分だけのような姿をしている。鉱石のほか、材木や各種資材、大型機械などを運ぶのに活躍した。

群馬鉄山では、戦後も露天掘りによる採掘が1965年まで続けられたが、資源が枯渇したことにより採掘を終了、1966年には旧太子駅における貨物扱いも終了となり、1971年には駅自体も廃止となった。

往時のホッパーやプラットホームは、それから長年にわたって一部が土に埋もれるようにして残っていたが、2014年からは、遺構を土の中から掘り起こして復元する事業が中之条町の手で進められることになった。2016年度には、クラウドファンディングも実施され、約二一五メートルのレールと、約七十一メートルのプラットホームが復元された。旧太子駅では鉱石輸送で無蓋車が活躍していた縁から、その展示を始めることになり、私が個人的に所有していた無蓋車も寄贈させていただいた。それがきっかけとなって、「中之条町ふるさとアドバイザー」の委嘱を受けることになった。全国でも無蓋車に特化してコレクションをしている施設がほかに無かったことから、「日本一の無蓋車公園」を目指すことを提唱、町議会での議決を経て、全国から合計六両の無蓋車を収集、日本一の称号を無事に手にするに至った。

鉄鉱石の積み出し駅であった旧太子駅には、往時のホッパーなども残り、2014年からは遺構を掘り起こして整備する事業が進められた

今回もし、ピンチに陥っていたのが無蓋車であったならば、旧太子駅を所管する中之条町へ最初に打診をしていたところであったが、ワラ1は有蓋車であるので、私の中でも打診をすべきか迷いがあった。

しかし、いよいよ解体までのタイムリミットが迫り、それまでに打診した全国三〇箇所が全滅であった以上、もう迷っている場合ではなかった。旧太子駅が最後の頼みの綱であり、もし旧太子駅でダメだったら、そのときはワラ1の解体も覚悟せねばならないという、まさに背水の陣であった。

一〇〇万円のふるさと納税で応援

中之条町にワラ1を収蔵することを打診するに当たって、幸いした点が二つあった。

ひとつは、ワラ1形が中之条町との繋がりを有していた点であった。吾妻線がまだ長野原線と呼ばれていた時代から、ワラ1形は中之条町に全国から食料や資材、肥料など、生活に必要な各種物資を届け、中之条町からは各種産品を全国へと発送、地域の発展に貢献していたのだ。

もうひとつは、ワラ1形の車体が中之条町内の市城駅で駅舎として活用されている点だった。国鉄からJRに転換される頃、貨車の車体を駅舎に活用する事例は各地で相次いだが、ワラ1形を活用した駅舎のうちで現存するものは全国でも六箇所だけで、市城駅はそのうちの貴重な一箇所となっていた。駅舎として活用される前のワラ1の姿が、同じ町内の旧太子駅で見られるとなれば、相乗効果が期待できるとアピールすることも可能と思われた。

私からの打診に対し、中之条町では町長、副町長、六合支所長が検討をして下さり、国道292号線から旧太子駅の大駐車場への入口付近に、ワラ1をオブジェとして設置する案が浮上した。その実現のためには、町議会において補正予算の要求を行い、審議を経て、成立することが必要となる。

そこで、中之条町ふるさとアドバイザーとして、ワラ1の設置を推薦する理由をまとめた文書を作成して提出することにした。ワラ1形が沿線を実際に走っていた形式であることに触れ、広く町民の皆様に、その懐かしい姿を再びご覧いただけるとともに、次世代を担う地域の子供たちにとって、地元の歴史を学ぶ機会を提供する大切な教材となり得ること、そして技術史的観点、産業遺産的観点から、広く国民のために貢献することにも繋がると、熱を込めて文字を綴った。

また、中之条町では、町長が先頭に立って財政支出の削減に取り組まれていることに鑑み、推薦者としてその点をしっかりと理解して尊重する考えを表明する目的で、ワラ1の受け入れを決定いただいた場合には、一〇〇万円のふるさと納税をさせていただきたいと申し入れた。

あとは祈るような気持ちで、町議会における審議結果を待ったが、幸いにも議会での承認をいただいて、補正予算は無事に成立した。ワラ1がその窮地を脱し、後世へと受け継がれることが決まった瞬間だった。私はすぐさま、JR四国へ朗報をお届けするとともに、その日のうちに一〇〇万円の納税を行った。

ワラ1が地元紙の一面を飾った！

議会での承認から二箇月、いよいよワラ1が旧太子駅へと搬入される当日となった。

四国からの搬送も極秘のうちに行われたため、当日朝に旧太子駅に集まっていたのは中之条町の関係者と新聞記者だけだった。

私が旧太子駅に到着したときには、すでにワラ1を載せたトレーラーが到着していた。道路における高さ制限をクリアするため、車輪が外された状態でトレーラーに載せられていたが、特にカバーなどは被せられていなかったため、一目見ればそれがワラ1であることはわかる状態だった。道中では、偶然にワラ1と遭遇した人たちもいて、驚きのコメントとともにその画像がSNSに投稿されていた。

旧太子駅の現地では、ワラ1を展示するための専用の線路が新規に敷設されることになり、枕木とバラストが敷き詰められた上には、一〇メートルほどの長さのレールが二本設置された。レールの上にはまず車輪が載せられ、続いて車体が載せられた。車体はJR四国の手で再塗装とレタリングが施されており、周囲の山々が色づき始めた青空の下、ワラ1の姿が眩しく感じられた。

すぐそばを走る国道292号線からよく見える位置というのが、この場所が選ばれた理由だったが、国道を行き交う車が早速にワラ1の姿に気づき、駐車場に車を停めて、すぐ近くまで見に来る人の姿があった。まさに町の幹部の狙い通りであった。

この日の模様は、地元の上毛新聞の一面トップを飾ることになった。ワラ1形は、これまで〝縁の下の力持ち〟のような存在であったから、新聞で一面のトップを飾ることなど、まず無かったのではないかと思われた。

危うく滅失するところだったワラ1が、こうして新聞に大きく採り上げられ、県内に広く知られることとなったのは、本当に嬉しいことであった。

2023年11月11日、ついにワラ1は安住の地を旧太子駅に得て、搬入の当日を迎えた。この日の模様は地元紙の一面トップを飾った

なぜ、山奥に貴重なワラ1が保存されているのかという「謎」の解は、切迫したやり取りの末、最後にたどり着いたのがこの場所だったのだ。

旧太子駅には、すでに国鉄の無蓋車を代表する形式である「トラ45000形」と、国鉄の車掌車を代表する形式である「ヨ6000形」が保存されており、ここにワラ1が加わったことで、国鉄の代表的な貨車の三形式が一堂に会することとなった。三形式が揃うのは全国でもここだけで、旧太子駅は、「日本一の無蓋車公園」にとどまらず、国鉄貨車の展示施設としても重要な地位を占めることになった。

ワラ1に関しては、旧太子駅に収蔵されてから、一部に塗装が剥離した部分が見られたが、そこをすかさず、清水鉄道遺産保存会の会長である青木さんをはじめとするメンバーが修復を実施して下さった。ワラ1への愛着が具体的に示された、心強い場面だった。

なぜ、一般客の乗降が許可されない駅が存在するのか？（福井県）

「駅」とは、資格や身分に関係なく、誰もが自由に利用可能な施設であると、常識的にはイメージする。例外的に、駅が企業の私有地の中にあり、会社から認められた関係者しか、改札の外へ出られないという駅も存在する。その場合でも、路線図には駅名が記載され、運賃表にも金額が表示されている。

ところが、そんな常識がまったく通用しないという駅も存在する。なんと、路線図にも、運賃表にも表示がなく、一般客は降り立つことが許可されないという駅が存在するのだ。

なぜ、そのような駅が存在し続けているのか、久々に現地の様子を再確認しに行ってみることにした。

学校関係者しか乗降できない！

一般客の乗降が許可されない駅というのは、福井県福井市にある、えちぜん鉄道三国芦原線の「仁愛グランド前駅」のことだ。

この駅が設けられたのは1992年9月10日のことで、すぐ近接して所在する仁愛学園のグラウンドで仁愛女子短期大学と仁愛女子高等学校の体育祭が開催される当日に、参加する学生や関係者のみが利用できる臨時駅として営業する。一般客の乗降が許可されない「謎」の解は、ここにあったのだ。

体育祭の当日は、停車した電車の中から大勢の学生たちがホームに降り立った。体育祭のあと、「団体」の表示を掲げ、仁愛グランド前駅から田原町駅まで走った臨時列車が、ネットニュースで話題になったこともあった。

ただ、この仁愛グランド前駅のホームに、電車が停車する光景が見られるのは体育祭の当日だけで、それ以外の一年の大半の日々を、すべての電車が素通りしてゆくのだった。

しかも、前述のとおりで路線図にも運賃表にも掲載されていないことから、地元でもあまり認知されていない駅なのであった。

仁愛グランド前駅のプラットホームはとても簡素な造りで、鉄骨を組み上げた上に床を張り、グラウンドに近い側に階段を設け、あとは周囲に鉄柵を巡らせただけで、屋根も、待合室も、駅名標も設置されていない。

えちぜん鉄道三国芦原線にある仁愛グランド前駅。体育祭の当日に学生と関係者のみ乗降が許可され、一般客の乗降は許可されない

そもそもこのプラットホームは、九頭竜川橋梁が架け替えられた際に、中角駅の仮設ホームとして使用されたものを再利用したものだった。

この駅を紹介してくれた人物

仁愛グランド前駅が開設された1992年は、ちょうど私が進学で福井県内に転居した年であったが、この駅のことはまったく知らなかった。

駅の存在を教えてくれたのは、故・岸由一郎さんだった。親の転勤で福井県内に移り住んだ岸さんは、えちぜん鉄道の前身である京福電鉄福井鉄道部の姿を追い求めることに情熱を傾けており、知り合って間もない頃、彼の案内で初めて仁愛グランド前駅を訪れた。

この当時のホームは、現在よりも簡素なもので、木で組まれた仮設のような姿だった。岸さんは嬉々として階段を駆け上がり、ホームを行き来しては写真を撮っていたことを思い出す。

のちに岸さんは、念願であった交通博物館の学芸員となり、交通博物館が2006年に閉館したのちも、鉄道博物館へと出向し、展示物の移設など、両館を繋ぐ重要な役割を果たした。

その日からおよそ三〇年ぶりに、仁愛グランド前駅を再び訪れた。このとき同行して下さったのは、くりでんミュージアム館長の高橋尚史さんだった。

くりでんミュージアムが所在する宮城県栗原市は、岸さんが生前に、地域おこしのために最後まで尽力していた場所で、訪問中にこの地を襲った岩手・宮城内陸地震で帰らぬ人となった。ミュージアムでは「岸由一郎氏がライフワークとしてきたボランティア活動を通じて多くの鉄道車両を危機から救い継承してきた功績を現代そして次の世代へ活かすこと」を目的として、福井県内で関係者への聞き取り調査を予定されていた。私が案内役を務めさせていただくことになったのだが、その前に、どうしても仁愛グランド前駅を再訪しておきたいと高橋さんにお願いしたのだった。

およそ三〇年ぶりに訪れた駅は、相変わらずの簡素な造りだったが、あの頃の木製ホームは姿を消し、前述のような鉄骨造りのものに変わっていた。ただし、その変化に気づいたのは帰宅して、昔の写真と見比べてからだった。簡素という印象が独り歩きして、記憶を瞬時に上書きしてしまったようだ。

開設当初の仁愛グランド前駅は木を組んだだけの仮設ホームのような姿だった。のちに中角駅の鋼製ホームが転用されて現在の姿になった

駅を通過する電車の顔ぶれもすっかり変わっていた。運行の担当は、当時の京福電鉄福井鉄道部から、えちぜん鉄道へと移管され、当時は走っていなかった超低床電車が行き交うようになっていた。

三〇年前の駅周辺の様子はよく覚えていないが、のんびりとした現在の光景とあまり大きく変わっていないのではないかと思われた。隣の鷲塚針原駅とも八〇〇メートルしか離れておらず、仁愛グランド前駅はこのまま変わらない姿で、臨時駅として存在し続けていくことが予想された。

過去には入場券が発売された!?

岸さんに関するインタビューでは、親交が深かった鉄道考古学研究会の岡本英志さんから、貴重な話の数々を高橋さんの隣で伺うことができた。

岡本さんから語られた岸さんの姿は、時に専門家としての厳しい顔、時に鉄道愛好家としての楽しい顔の両方が入り混じっていたようだった。

とりわけ、何かを文字にして残すことに関しては、「後世に渡すバトンだから」と正確さにこだわったという。

一方で、岡本さんたちとイベントを企画、実行するときには、愛好家の目線を最大限に採り入れて、「妄想の実現」にこだわったという。

そうした姿勢は、全国の愛好家たちを満足させただけでなく、現場の鉄道マンたちをも面白がらせたという。

イベントのたびに、収益面での会社としての実績が積み上がってゆき、双方の信頼関係はより強固なものとなっていった。

岸さんにとって、中学生の頃からずっと惚れ込んできた鉄道会社に、このような形で恩返しができたことは、どれほどの喜びと達成感があったかは想像に余りある。

岡本さんたちが立案した様々な企画の中には、硬券入場券のセットを発行するというものもあった。インタビューの当日には、その実物を持ってきて下さったのだが、そのセットの中に、「仁愛グランド前駅」の入場券が含まれていて驚いた。まさか、あの駅の入場券がこの世に存在しているなどとは夢にも思わなかったが、これは正真正銘の鉄道会社が正式に発行した入場券であり、愛好家たちにとっては垂涎ものの一枚に違いなかった。

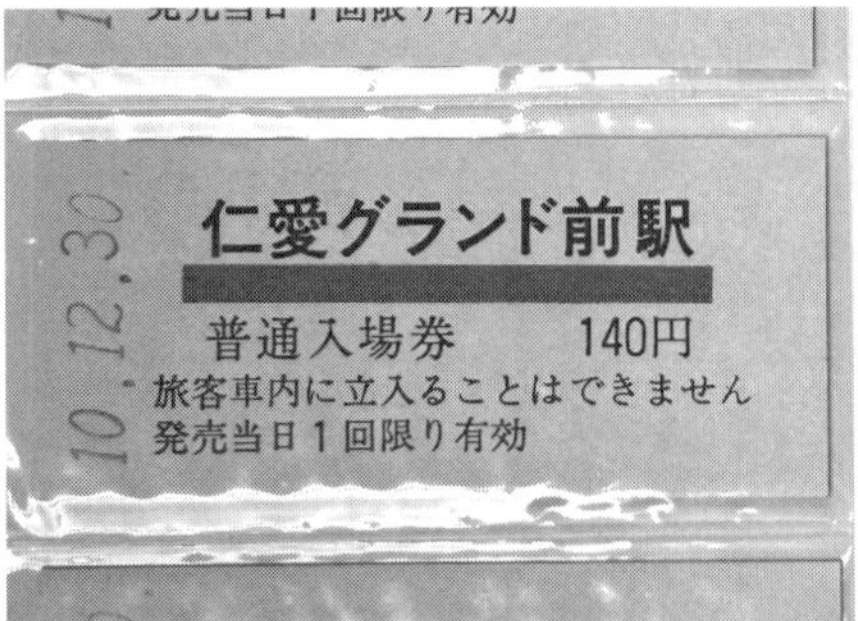

まさかの「仁愛グランド前駅」の入場券が実在していた。この入場券を購入して持参しても、実際には入場できない点がまた面白い

最大級の成果のもとへ

インタビューを終えたあと、岡本さんと高橋さんと私の三人は、レンタカーに相乗りして福井県勝山市へと向かった。

小舟渡駅から先では、えちぜん鉄道の線路に沿って走り、木造の大柄な駅舎が残されている勝山駅に到着した。

この駅舎に隣接して保存されている電気機関車の「テキ6」と無蓋車の「ト68」こそ、岡本さんと岸さんたちが鉄道会社と協力しあって成し遂げた、過去に類を見ない挑戦の成果だった。

その挑戦とは、すでに廃車となって車籍を失っていたこれら二両の「車籍復活」を実現させるというものだった。

提案を受けた鉄道会社でも、「面白い」という声が上がり、現場でも「みすぼらしい姿は見せられない」と整備に力が入った。

無事に車籍復活を遂げたテキ6とト68は、他の車両とともに、１９９８年9月27日と28日に実施された「三国芦原線開業七〇周年イベント」で晴れ姿を披露し、あの仁愛グランド前駅のホームの横も通過して、終点の三国港駅までを走り通す快挙を成し遂げた。

京福電鉄福井鉄道部から、えちぜん鉄道への移管に際しては、テキ6は「ML6」と改番されて引き継がれたが、その後に別の移動機が入線することになり、ついにその役目から退くことになった。

ここでも岡本さんが保存に尽力され、２０１１年、テキ6は勝山市へと寄贈されて、「勝山市の発展に寄与した貴重な産業遺産」として保存されることになった。

このとき、専用の建屋には電気が引き込まれ、短い距離ではあるが、走行が可能な状態での保存が実現した。

建屋に取り付けられた解説板には、『はたや』のまち　勝山をささえた電気機関車『テキ6』」のタイトルで、その略歴が紹介され、その中には、テキ6の価値を広く伝えた岸さんのこともしっかりと記されていた。

鉄道に惜しみない愛情を注ぎ続けた岸さんの足跡が残る仁愛グランド前駅、テキ6、ト68を見届けたのち、貴重なお話しの数々を聞かせて下さった岡本さんに御礼を述べて、まだ開業したばかりの北陸新幹線に乗って、高橋さんとともに福井を後にした。

岸さんがその価値を広く伝え、岡本さんたちと力を合わせて一度は車籍復活を実現したテキ6。現在も勝山駅前で動態保存されている

なぜ、小さな「煉瓦アーチ橋」がポツンと残存するのか？（福井県）

鉄道に関連した遺構は、多くの場合、ある程度まとまったエリアや、帯状に連続したエリアに所在している。駅や機関庫に関連した遺構ならば、その周辺のエリアにまとまって所在しているはずであるし、線路の遺構ならば、橋梁や築堤などが連なって所在していることが一般的だからだ。

ところが、駅からも線路からも離れた位置に、ポツンと遺構が残存しているケースもある。なぜ、その遺構だけが離れて残存しているのか、現地の様子を確かめに行ってみることにした。

「眼鏡橋」の愛称で親しまれる

その遺構が所在しているのは、福井県敦賀市の市街地の中で、敦賀駅から五〇〇メートルほど離れた場所だった。住宅や店舗などに囲まれた一角に、幅の狭い水路が流れ、それを跨ぐ形で煉瓦積みの小規模なアーチ橋が架けられていた。一メートルほどのアーチ橋が二つ連なっており、正面から見ると、まるで眼鏡のような形だということで、地元では「眼鏡橋」の愛称で親しまれている。

なぜ、ポツンと市街地の中に？

眼鏡橋の正式な名称は「穴田暗渠」と言い、全長は八・七五メートル、煉瓦部分の全幅は二・六八メートルだ。

穴田暗渠は国道8号線の近くに位置しているが、国道に面しているわけではなく、少し奥まった位置にあるため、近くまで来ても、その存在に気づかないほどだった。周囲を見回しても、ごく普通の街並みが広がっており、なぜ鉄道に関連した遺構がポツンと残存しているのか、すぐには理解しがたい。

その「謎」の解は、穴田暗渠の上を通っていた鉄道の廃止が、今から一〇〇年以上も前だったことにある。それからの長い経過の中で、周辺の景観がすっかり変わってしまったのだった。

穴田暗渠だけは、水路を跨ぐ橋という性格上、取り壊されることもなく、淡々とその役目を果たしながら生き長らえたというわけだった。

市民からは「眼鏡橋」の愛称で親しまれている穴田暗渠は、敦賀駅から500メートルぐらい離れた市街地の中にポツンと佇んでいる

一時は滅失の危機に直面

穴田暗渠は、きらびやかな建築物と

いうわけではなく、普段は人目につかない水路橋という地味な存在で、現代まで残されてきた理由も、その歴史的価値が認められてのことではなかった。しかも、穴田暗渠は水路橋としても万全には程遠い状態で、二連のうち南側のアーチ橋は土砂で埋まり、本来は全体が築堤の土砂で覆われているはずなのに、盛り土が失われて煉瓦が露出し、東側や中央部ではアーチ橋そのものが崩落してしまっているという有り様だった。

　このような満身創痍の状態であったため、水路の改修が行われることになった際には、穴田暗渠の撤去も検討されたという。幸いにも撤去はされず、2012年度に現地保存が決定し、滅失の恐れはなくなった。

丁寧な造りと楔形煉瓦に注目

　穴田暗渠は、当時としてはごく普通の水路橋であったと思われるが、現代の視点から観察すると、とても手が込んでいることに感心させられる。

　水路はそれほど幅が広いわけでもなかったのに、わざわざ二連のアーチ橋が架けられている点が目を引くが、これはおそらく、アーチ橋の高さを抑制したかったためではないかと推測される。

　アーチ橋の基部には、花崗岩と思われる切石が二段で積まれ、下段の切石が迫り出していることで、小さいながらもどっしりとした安定感が感じられ、丁寧な造りであることが窺われた。

　アーチ部分は二巻で構成され、煉瓦の数を数えてみると、内側は二十三個、外側は二十八個となっていた。

　注目すべきは使われている煉瓦で、「楔形煉瓦」と呼ばれる特殊なものが採用されていた。煉瓦の上端と下端で長さが違っており、アーチを組むときに煉瓦同士の隙間が小さくなるように成型されているのだ。穴田暗渠は小径間のアーチ橋であり、曲率が大きいため、この楔形煉瓦を必要としたものと考えられる。全国的にも楔形煉瓦を用いたアーチ橋は珍しく、とても注目すべき存在となっている。

穴田暗渠の注目点は、特殊な「楔型煉瓦」が使用されていることだ。全国に残るアーチ橋の中でも楔型煉瓦が使われている例は珍しい

鉄道遺産として全国有数の古さ

　この穴田暗渠が築造された年代であるが、これまでの調査で1881年の完成であったことが特定されている。敦賀～米原間では、日本海側で初め

てとなる鉄道の敷設工事が1880年4月に開始されており、1881年2月には敦賀~疋田間で貨物輸送に限定した仮営業が開始されている。穴田暗渠は、この敦賀~疋田間に位置しており、1881年2月に貨物列車が走り始めたということは、その時点で穴田暗渠は間違いなく完成していたことになるからだ。

この1881年という時期は、日本においてようやく鉄道が根付き始めたという黎明期に当たり、1872年に新橋~横浜間が開業したのを皮切りに、1874年に大阪~神戸間、1877年に京都~大阪間が開業したばかりであった。

1882年には敦賀駅が正式な開業を迎えたが、このときの敦賀駅の位置は現在とは異なり、気比神宮の近辺にあった。

1909年になると、敦賀駅は現在の位置へと移され、それに伴って穴田暗渠の上を通過していた開業当初のルートは使われなくなった。

それから一〇〇年を超える年月が流れたにもかかわらず、この小さな穴田暗渠が、半ば崩れながらも現代まで生き残ったことは、まさに奇跡と言える。福井県敦賀市にとってはもちろん、日本海側の全域にとっても、鉄道が幕開けを告げた時期を直接的に偲ぶことのできる、とても大きな歴史的意義を持つ鉄道遺産であると言えよう。

日本遺産、そして市指定文化財に

長年にわたって、ひっそりと息づいてきた穴田暗渠であったが、近年になって、その存在が急速にクローズアップされるようになった。

2020年には、日本遺産「海を越えた鉄道　~世界へつながる　鉄路のキセキ~」の構成文化財の一つに認定され、2024年には、敦賀市教育委員会によって市指定文化財とすることが決定された。

穴田暗渠は、前述のとおり、一時は撤去が検討された経緯もあったほどであったから、こうして価値評価が定まり、確実に後世へと引き継がれることになったことは、改めて嬉しいことだ。

穴田暗渠は一部が崩れた状態で、水路改修の際には撤去も検討された。幸いにも存置され、2024年にはめでたく市指定文化財となった

敦賀市内に残る煉瓦の歴史遺産

日本遺産の構成文化財のうち、敦賀市内に所在するものとしては、穴田暗渠のほか、小刀根トンネル、旧敦賀港

駅ランプ小屋、旧紐育スタンダード石油会社倉庫など多数が挙げられる。小刀根トンネルは、当時の姿を留める鉄道トンネルとしては日本最古の存在で、旧敦賀港駅ランプ小屋も、鉄道建築物としては旧長浜駅舎と並んで日本最古の存在として知られている。

　それらに共通しているのは、現代の建築では見ることのできない、重要部材に煉瓦が多用された建造物であることだ。とりわけ興味深いのが旧敦賀港駅のランプ小屋で、使われている煉瓦の一つ一つに、多種多様な刻印が認められる。

　敦賀市教育委員会が作成した解説パネルには、これまでに確認された一六種類もの刻印が紹介されており、それ以外にも「池」や「近」などの刻印が発見され、まだ増える可能性もある。

　鉄道用煉瓦構造物の第一人者である小野田滋氏の「わが国における鉄道用煉瓦構造物の技術史的研究」によれば、長浜～敦賀間については、「本工事に使用した煉瓦は堺煉瓦工場のものを使用した」との言及がある。製造された煉瓦は、船で敦賀まで運ばれてきたことも記録されている。

　煉瓦の一つ一つに捺された刻印は、当時の製造者を示すもので、しかも、初期の煉瓦には刻印が小口面に捺されていたため、積層された後でも、このように刻印を観察することができる。日本で煉瓦の製造が始まって間もない頃の痕跡を、いまでも直接見る事ができるのはとても感慨深いことだ。

「鉄道と港のまち」を前面に

　敦賀市は、古くから大陸への玄関口として栄えてきた港町であるとともに、１８８２年に鉄道が開業して以降は、日本海側の要衝としての地位を高めてきた。

　市では、「鉄道と港のまち」のキャッチフレーズを前面に押し出し、街のイメージづくりに取り組んで来た。

　２０２４年3月16日には北陸新幹線が開業し、敦賀市を訪れる観光客が大幅に増加した。穴田暗渠が市指定文化財に加えられたのも、そのわずか1か月前のことで、タイミングとしてもベストだった。これまではポツンと存在していた小さな煉瓦アーチ橋が、その存在をより広く知られるようになり、訪れた人に歴史のロマンを語りかけてくれることを期待したい。

敦賀には国内に現存する最古の鉄道建築物として知られる旧敦賀港駅ランプ小屋もあり、定休日を除き内部も一般に公開されている

なぜ、実物の「車掌車」を改装したコテージを造ったのか？（山梨県）

全国に宿泊施設は数あれど、「車掌車」を改装した宿泊施設というのは極めて少ない。過去に営業していた施設でも、その後に営業を取りやめてしまったという残念なケースも存在する。

そんな中、山梨県富士河口湖町にある「カントリーハウス　モーニングサラダ」には、車掌車を改装した「カシオペアコテージ」という名の宿泊棟が存在するとの情報を得た。果たして、どのような姿に改装されているのか、宿泊して確かめてみることにした。

異色の貨車である「車掌車」とは？

「車掌車」とは、かつて貨物列車に連結され、車掌が業務を行っていた車両のことで、緩急車とも呼ばれた。往年の貨物列車は、特に夜間は黒々とした車列になっていたのであるが、最後尾に連結された車掌車だけは、室内に明かりが灯され、赤いテールライトも灯されたことから、温もりのある存在として強く印象付けられた。日本だけでなく、海外においても、絵本や童話にたびたび登場するなど、貨車の中でも異色の人気車両であった。

しかし、日本では合理化の一環で、1985年に車掌車の貨物列車への連結が原則として廃止され、そのような牧歌的な光景も見ることができなくなった。

その代わり、使われなくなった車掌車が民間に払い下げられ、飲食店や事務所、倉庫などとして活用されるケースが相次いだ。それでも、宿泊施設として活用されるケースは少なかった。車掌車は大きいものでも長さが約七・八メートル、幅が約二・六メートルしかなく、しかも両端が吹きさらしのデッキになっているため、宿泊施設として使うには狭いことも理由だった。

ペンション村へのバスは一日一本

モーニングサラダに宿泊する当日の朝、富士山麓電気鉄道富士急行線の河口湖駅に降り立って驚いた。平日にもかかわらず、駅前が大勢の観光客で埋め尽くされていたのだ。それも大半が外国人だった。

河口湖駅からはバスに乗って行くことになるのだが、最寄りのバス停である「プチペンション村」まで行く便は、夕方五時台の一日一本のみであるため、それまでの時間は河口湖畔でのんびり過ごそうと思っていた。ところが、前述のとおりの大混雑で、どのバスも積み残しが出るほどの超満員となっていた。乗り込むだけでも一苦労だったが、なんとか目的のバスに乗り込み、「自然生活館」で下車した。山梨の郷土料理である「ほうとう」をゆったりと食べたり、湖畔を散策したりしながら夕方までの時間を過ごし、いよいよプチペンション村まで行くバスに乗り込んだ。ところが、一日一本しかない貴重な便であるはずなのに、乗客は私一人だけで、終点で下車すると、空っぽのままバスは帰っていった。今日は私のためだけに走ってくれたようなものだった。

　バスから降り立っても、夜のペンション村は明かりが少なく、方角すらよくわからなかった。スマホの地図アプリを頼りに、モーニングサラダを目指した。橋を渡ったところで、右手に車掌車らしき姿を発見、それが今夜泊まらせていただくモーニングサラダのカシオペアコテージだった。

想像を超えていたその中身

　カシオペアコテージは独立した別棟となっており、まず本館の建物に立ち寄って、オーナーにご挨拶をしてから、鍵を受け取り、いよいよカシオペアコテージへと向かった。

　鍵を差し込んで扉を開け、中に入って電気をつけた瞬間、思わず息を飲んだ。想像をはるかに超える魅力的な空間が広がっていたからだ。壁面はウッディな雰囲気で統一され、チェストやテーブルなどの調度品もナチュラルな色合いに揃えられていた。手前側がダイニング、奥側がベッドルームに分けられ、間の仕切りにはステンドグラスが嵌め込まれるなど、とても落ち着いた大人の雰囲気に仕上げられていた。それでいて、車掌車の面影は、ちゃんと残されていた。武骨に組み上げられ、白いペンキが塗られただけの木の天井もそのままで、そこには国鉄マークの入った扇風機も据えられていた。スイッチを押して、扇風機がちゃんと作動したときには、思わず歓喜した。

　さらに驚いたのは、ベッドルームの奥に設けられたシャワーとトイレだった。なんと、元は吹きさらしのデッキだった部分を室内に取り込み、右側にはシャワー、左側にはトイレが設けられていたのだ。可愛らしいピンク系のタイルで仕上げられたシャワールームは、ここが元々はデッキだったとは想像できないほどで、限られたスペースを見事に使い切っていた。

元が武骨な車掌車であったことを忘れさせるほどの上質な空間に仕上げられたカシオペアコテージ。空間にもゆとりが感じられる

　ベットルームに戻って、改めて細部を観察してみると、あちらこちらにこだわりの痕跡が見えてきた。ベットの枕元にあるランプは、車掌車時代に執務机の上に取り付けられていたものが、

場所を移してうまく活用されていた。小物用の棚の支柱には、車掌車時代には車内の網棚を支えていた金具がそのまま転用されていた。

窓の下に取り付けられていた手すりも、車掌車時代から使われていたものが活かされ、タオル掛けとして使えるようになっていた。

車掌車の面影をしっかりと留める木製の天井には、国鉄マークの入った扇風機も健在で、スイッチを押すとちゃんと作動して感激した

車掌車時代の面影を大切にしながら、宿泊客に快適に楽しんでもらおうという心くばりが随所から伝わってきて、この空間に居るだけで満ち足りた気持ちになった。

カシオペアコテージで童心に返る

それからも、扇風機のスイッチを入れたり、枕元のランプを眺めたり、ダイニングでお茶を飲んだり、すっかり童心に返ってカシオペアコテージでの時間を楽しんだ。

モーニングサラダには、別料金で入浴が可能な洞窟風呂が設けられていた。せっかくの機会なので、洞窟風呂にも入らせてもらうことにした。

ゴツゴツとした岩肌が再現された洞窟風呂は、裸電球の灯りと相まって、冒険ムードに溢れていた。なんだか貸し切りで一人だけで浸かるのがもったいないぐらいだった。

入浴のあとは、カシオペアコテージを外から眺めたが、四つの窓から漏れる光が、往年の車掌車の夜の活躍シーンを思い起こさせた。

なんだか寝るのが惜しい気分だったが、そろそろ眠気も襲ってきたので、ゆったりとしたダブルベットを一人で占拠して、室内の明かりを消した。

“エリート”だったことが判明

翌朝、室内に差し込む眩しい光で目が覚めた。空はきれいに晴れていた。昨夜は暗くて細部まではよく見えなかったカシオペアコテージの外観を、じっくりと観察してみることにした。シルバーに輝く車掌車の車体は、思った以上に現役時代の面影を随所に留めていた。

窓の下にある四角の鉄板は「運用票板」と呼ばれるもので、車掌車に決められた運用がある場合には、ここに行程が書かれることになっていた。その斜め左下には、行先を書いた紙を差し込むための「車票差」も残っていた。

車体の下を覗き込むと、楕円形の銘板が二種類残っており、それぞれ「日本国有鉄道」、「昭和37年　東急車輌　協三工業」と刻まれていた。

　そして極めつけが、デッキ部分の腰板に設けられていた「コンセント」だった。これは、コンテナ特急「たから」号に連結される車掌車に設けられていた設備で、電照式のテールマークを点灯するためのものだった。このことから、カシオペアコテージとなった車掌車は、もとは〝エリート〟の車掌車であったことが判明したのだ。

外観を観察した結果、腰板にコンセントがあるのを発見、コンテナ特急「たから」号に使用されたエリート車掌車であることが判明した

　カシオペアコテージの車体に現在も残っている運用票板には、アルファベットで大きく「A」と書かれていた痕跡が残っているが、これは運用エリアが九州から上信越にかけてであることを示す記号だった。

なぜ、車掌車がコテージに？

　車掌車を改装した憧れの宿泊施設が、どのような姿となっているかについては、自分の目で確認することができた。ベースとなった車掌車の素性についても、少し解明することができた。では、なぜ、実物の車掌車を改装したコテージを造ったのか、その「謎」の解については、オーナーから直接お話を聞かせていただいた。

　現在のオーナーは三代目とのことで、二代目のオーナーの頃には、まだ車掌車は宿泊施設としては使われておらず、子供部屋として使われていたのだそうだ。その姿を見た現在のオーナーが、〝寝台列車の特等室〟をイメージした宿泊棟に改装しようと思い立ち、シャワーとトイレ、電子レンジ、冷蔵庫を完備したダブルベッドルームへと大変身させたというのが真相だった。カシオペアコテージというネーミングも、そこに端を発しているのだった。

　しかもその車掌車が、国鉄時代にはコンテナ特急で活躍していた特別な存在であったことも、なんだか不思議な運命の繋がりのようなものを感じた。

　ダブルベット仕様で、離れのお部屋となっていることから、カップルにも人気となっているとのことであったが、現役時代にはロマンスとは無縁のタフな現場で働いていた車掌車が、こんな余生を迎えているのは、なんともユーモラスに思えた。

　プチペンションから河口湖駅へと戻るバスは、朝は七時三十五分発の一本だけで、後ろ髪を引かれる想いの私を一人だけ乗せて発車した。

なぜ、温泉で「115系電車」が美しく保存されているのか？（長野県）

電車の保存は全国各地で行われているが、その多くは博物館や公園などの公共施設で行われている。ところが、民間施設、それも温泉で、良好な状態で保存されている「115系電車」があるとの情報を得て、ずいぶん前からその存在が気になっていた。

なぜ、温泉で115系電車が美しい状態で保存されているのか、長野県千曲市の現地を訪ねてみることにした。

万葉超音波温泉の115系電車

しなの鉄道の戸倉駅で降り、国道18号線を南下して、「戸倉上山田温泉入口」交差点から西に進むと、目指す「万葉超音波温泉」が見えてきた。そしてお目当ての115系電車も目に飛び込んできた。

写真で何度も見ていた憧れの115系電車を、ついに自分の目で見ることが叶った。115系電車は、1963年から1983年にかけて一、九二五両が製造された日本国有鉄道（以下、国鉄）の電車で、本州の広い範囲で活躍し、特に勾配のある線区や雪の多い地方で威力を発揮した。

長野県千曲市の万葉超音波温泉に保存されているクハ115-1106。上屋も架けられ、塗装も美しい状態を保っていたが、驚くのはそのあとだった

万葉超音波温泉に保存されている「クハ115-1106」は、1978年の製造で、栃木県の小山電車区を皮切りに、新前橋、松本、長野と渡り歩き、2015年に廃車となった。

廃車後は長野県長和町の「ブランシュたかやまスキーリゾート」でスキー客の休憩施設として活用されていたが、2022年に万葉超音波温泉に譲渡されて現在に至っている。

まずは念願のご対面を果たすことができて良かったのだが、実はそのあと、「謎」はむしろ深まるばかりだった。

車内の公開は土曜と日曜の午後一時から午後六時までとのことだったので、公開されるまでの間、温泉にゆったりと浸かることにした。土曜の昼ということもあり、多くのお客さんで賑わっていたが、湯舟が大きかったので、それほど窮屈な想いはせずに楽しめた。公開の開始時刻まで、まだ三〇分以上もあったのだが、待ちきれずに湯舟から出て、身支度を整えて外に出て来てしまった。

まず千曲川の土手に上って全景を撮

り、そのあとは電車の周囲を三周して、細かく様子を観察した。ところが、回れば回るほど、前述のとおりで謎がむしろ深まってゆくのだった。

最大の謎は、電車の後ろのほうにあった。電車の後方からは多数のホースが伸び、高電圧を示すステッカーが貼られたグレーのボックスや大きな黒いフレームに繋がっていた。その繋ぎ方も、まるで実物の電車同士のような凝った繋ぎ方になっていたのだ。

電車の後方からは多数のホースが伸びて繋がっており、いったいなぜ、こんな手の込んだ造りになっているのだろうかと謎が深まった

いよいよ車内へ！

午後一時になって、115系電車の車内の公開が開始された。久しぶりに国鉄型電車に立ち入って、懐かしさがこみ上げてきた。国鉄型電車は実直で堅実そのものといった造りのことが多いのだが、まさにそのイメージ通りで、座席の取っ手ひとつとっても、窓枠の金具ひとつとっても、長年の使用に耐えられるよう、堅牢性が追及されているのが感じられた。

以前に住んでいた滋賀県では、草津線で国鉄型電車が唸りを上げながら走っていてよく利用したものだったが、現在ではそれも見られなくなっており、感慨深さはなおさらだった。

車内の見学をしていると、この115系電車を万葉超音波温泉へと導き、維持と管理を続けておられる利根川智史さんとお会いすることができた。

私が保存状態の素晴らしさに感銘を受けたこと、そして電車の後方の並々ならぬこだわりに驚いたことを告げると、利根川さんは我が意を得たりとばかりに、車内の後方へと案内して下さった。

そこには配電盤が設けられていたのだが、利根川さんは鍵を開けて特別に中を見せて下さった。そして衝撃の事実が告げられた。これらの配線がすべて「生きている」というのだ。

さきほど電車の後方で見かけた、あの物々しい配線は、ここに繋がっていたのだった。私はこれで、謎の大部分が解けたものと早合点していたが、驚くのは、むしろそこから先だった。

ほとんどの機器が稼働状態!?

車内に立ち入って、最初に室内灯が点灯していることには気が付いていたが、それだけではなく、放送設備も、空調設備も、すべて現役当時と同様に稼働させているとのことだった。

利根川さんが、「押してみていいですよ」とおっしゃるので、車内の非常通報ボタンを人生で初めて押してみた。非常通報ボタンはこんな音が鳴るのだと、とても新鮮な気持ちだった。

さらに、車外の様子を見ていて下さいとおっしゃるので、窓から顔を出して車外を眺めていると、車体の側面に取り付けられている青い車側灯が点灯した。これは冷房装置が故障した際に点灯するものだという。続いてオレンジ色の車側灯が点灯した。これは車内の非常通報ボタンが押された際に点灯するものだという。これらが同時に点灯することは、日常ではまずあり得ないことであるから、とても珍しいシーンを見せていただいたことになる。何にも増して、それらが点灯したということは、回路がすべて正常に機能していることを意味していた。

そして最大の驚きが、運転席だった。こちらも利根川さんが解錠して中を見せて下さったが、ランプ類が点灯し、圧力計などの計器類も作動していた。マスコンハンドルを操作すると、なんと速度計が動き、自動列車停止装置の警報まで鳴動したのだ！

最大の驚きは運転席だった。なんと、マスコンハンドルを操作すると速度計が動き、果てにはパンタグラフの上昇まで可能となっていた

今でこそ、完璧なまでに作動をしているが、利根川さんが入手した当初は、ゴムの隙間などから雨水が侵入し、サビだらけでボロボロの状態になっていたという。それを、利根川さんは一度すべて取り外し、再整備を加えてから今の状態にまで復元したのだという。

そして最後に私が一番たまげたのが、集電装置であるパンタグラフの上げ下げだった。運転台でボタンを操作すると、外の物置の上に設置されたパンタグラフがいきなり畳まれたのだ。予想外の仕掛けに、私は思わず歓声を上げてしまった。

車内ではタブレットを音源として、スピーカーから電車の走行音が流れていたが、運転台からオルゴールを鳴らすことも、肉声のアナウンスを流すことも可能となっていた。運転台からの操作で、ドアの開け閉めも可能となっていた。ここまで来ると、究極のレベルで〝電車ごっこ〟が楽しめてしまうというわけだった。

これほどの完成度でレストアをやってのけた利根川さんが、まだ30歳であることにも驚いた。なぜ、この若さでこれほどの完成度にまで到達できているのだろうか。

〝車是〟は「走行以外現役同等」

　利根川さんは、中学生の頃から鉄道部品を収集するのが趣味で、それらを組み上げて、自宅に「２０１系電車」の運転台を再現してしまうほどの腕を持っていた。その利根川さんのもとに、１１５系電車がやって来たことで、持てる技を結集させてレストアを完成させたというわけだった。

　利根川さんが〝車是〟とされているのが、「走行以外現役同等」ということだ。利根川さんによれば、それは「実車図面より車両構造や電気回路、空気回路を細かく研究し、できる限りオリジナルの車両機能を活用・維持し、走行する以外はできる限り現役時代の車両機能を活かす」ということだそうで、すでに配電盤や運転席を見せていただいた時点でも、それは達成されていると思ったのだが、利根川さんが到達されているレベルというのは、私の想像よりもはるかに高いところにあった。

　なんと、電車の屋根の上に載っているAU75形冷房装置を、上屋を取り外して吊り上げ、専門の業者にメンテナンスを依頼したのだという。そのことを見越して、電車に掛けられている上屋は、一見すると普通の明かり取りのように見えていた部分が、設計段階から取り外せるようになっていた。

　もはや現業の鉄道会社と肩を並べるようなクオリティのメンテナンスだが、利根川さんがそうまでするのは、少しでも長く機器類を現役同等で稼働させたい一心からだという。

渡りに船のタイミング

　ここまでの整備をしてもらえて、１１５系電車にとっても、この万葉超音波温泉は幸せな嫁ぎ先だったなと感じたのだが、初めからこのような道筋が付いていたわけではなかったという。

　利根川さんは、子供の頃から万葉超音波温泉の敷地を眺めながら、「これだけの広さがあれば、電車が置けるな」と夢を抱いていたという。ただ、その夢の実現のためには、鉄道に特段の興味がない父親の説得から始めなければならなかった。そして、趣味で終わらせるのではなく、会社として利益を出すことを前提とした活用を行うことを条件に、父親からの了承を得たのだそうだ。

　利根川さんは、ずっと通勤型電車が欲しいと思っていたそうだが、法令などが厳しくなった関係もあり、鉄道会社から展示用として車両を譲り受けること自体が非常に厳しくなっていた。

　そこで、すでに民間に譲渡されている電車を探してみたところ、同じ長野県内の長和町で、スキー場の休憩施設として活用されていた１１５系電車に巡り合ったという。

　しかも、町では老朽化していた電車を撤去する検討を始めていたところで、両者にとって渡りに船のような話となり、半年にわたる交渉を経て、無事に契約締結に至った。

輸送に際しては、多数の実績を有するアチハ株式会社が担当されたが、それでも道路管理者の許可取得が大変であったという。

115系電車は、現役を退いてから七年にもわたってスキー場という屋外の環境に置かれていたため、屋根などに傷みが出て、雨漏りまで生じるような状況となっていたそうだ。

それでも幸いだったのは、配電盤などが現役時代のままで存置されていたことだったという。鉄道会社から民間に譲渡される場合、配電盤の配線が切断された状態で引き渡されるケースが多いのだそうだが、この115系電車では切断はされていなかったという。

そうしたさまざまな幸運が重なったこともあった一方で、移設やレストア、上屋の設置には巨費を要することとなった。

クラファンで一〇〇〇万円超を達成

「希少な115系保存車両『クハ115‐1106』を末永く後世へ」との呼びかけで2022年に実施されたクラウドファンディングでは、三八四人から、総額一〇七六万七〇〇〇円の支援が寄せられ、無事に目標金額をクリアした。

決して低くはないハードルを見事に越えられて、そのことだけでもすごいと感嘆したのだが、輸送におよそ五〇〇万円、電気関連の工事におよそ五〇〇万円もの費用を要した。さらに、115系電車には大きな上屋が設置されているのだが、これらの基礎工事と上屋の設置には、およそ二〇〇〇万円を要したという。しかも、その柱の多くが電車から離れた位置に設けられているのは、写真撮影をする人の邪魔にならないための配慮だった。これらを合わせた総額はおよそ六〇〇〇万円にも達し、まさにビッグプロジェクトとなったのであったのだ。

これだけ壮大なプロジェクトが遂行された背景には、前述のとおり、利根川さんが電車を譲り受けるに当たって父親と約束を交わされた、「会社として利益を出すことを前提とした活用」ということが大きな存在感を持って迫ってくるように感じられた。

115系電車で「非日常」を演出

万葉超音波温泉は、六〇年を超える歴史を持ち、地域住民が「日常」で利用できる日帰り温泉として親しまれてきた。

一方で、コロナ禍を始めとする情勢の変化により、「戸倉上山田温泉」を訪れる人そのものが減少する事態にも直面してきた。

そのような中で、少しでも明るい話題づくりを行い、温泉に電車があるという「非日常」を楽しんでいただこうというのが、活用というコンセプトの真ん中にあった。

　具体的には、地域の子供たちの活動の場としての活用や、ワーケーションの場としての活用、イベントなどを行う場としての活用が考えられている。

　それらを通じて、戸倉上山田温泉という地域全体を盛り上げていきたいという意図も込められており、115系電車はその先導役なのであった。

予算規模、コンセプトの壮大さだけでなく、「非日常」の空間を活かした戸倉上山田温泉の盛り上げという大きな意図が込められている

いつかは〝車是〟をも超える？

　保存車両としては、全国でも類を見ないレベルに達していることは、すでにご紹介してきたとおりだが、車両のレストアに際しては、「全般検査」という高いレベルを意識して実施したという。外装に関しては、劣化した塗膜を剥離し、鉄板のサビを落としてパテを施し、屋根に関しては、特に入念に実車同様の補修を行ったという。窓周りに嵌め込まれている「Hゴム」に関しても、総取り替えを実施したという。

　機器類に関しては、あらゆるものが稼働状態にまで整備されていることから、これらを活用したシミュレーターの製作が構想されている。

　私が、「そこまで行くと、もはや乗務員の訓練レベルですね」と水を向けると、利根川さんは「そのレベルを目指しています」と事も無げに返された。

　そして〝車是〟とされている「走行以外現役同等」に関しても、将来的にはそれを超えて走行も可能なのでは、と再び水を向けると、これも検討していると返ってきたので驚いた。

　確かに、115系電車が置かれている敷地の先には、伸ばそうと思えば可能にも思える土地が存在していた。現時点でもすでに壮大なプロジェクトであるのに、その先にまだ夢が存在していることがなによりも楽しみだ。

　115系電車は、まだ一部で現役の車両も残っているとはいえ、これまでに保存されたものは二両だけで、民間で保存が実現しているのはこの万葉超音波温泉のクハ115-1106のただ一両だけだ。

　実際に現地を訪れたことで、「謎」が解けただけでなく、利根川さんの卓越したポリシー、地域全体へのインパクトを考慮したスタイル、さらに先を見据えたビジョンにも触れることができた。私は感動を覚えるばかりだった。

なぜ、恐ろしく細い道が東海道本線の下をくぐっているのか？（静岡県）

鉄道と道路が交差する地点には、多くの場合、踏切か立体交差が設けられる。一部には、幅が狭い歩行者専用の場合も存在するが、それでも普通に歩ける程度の空間は確保されることが一般的だ。

ところが、背筋を伸ばしてまっすぐ歩くことさえ困難なほどに、恐ろしく細い道しか確保されていないケースも存在する。なぜ、そんな細い道しか設置することができなかったのか、現地の様子を見に行ってみることにした。

入口を見つけるところから難航

その恐ろしく細い道が存在するのは、静岡県島田市のＪＲ東海・東海道本線の金谷駅から歩いて十五分ほどのところだ。天下の東海道本線の下をくぐる道なので、一般道からのアプローチは容易なはずと勝手に思い込んでいた。

ところが、その付近をどれだけ歩いても、入口らしき場所に行き当たらない。何度か同じ場所を通り過ぎてから、ふと、用水路の存在が気になった。もしやと思って、ハシゴを伝って用水路の水面に近いところまで下りてみると、ひと一人が通れるほどの幅のコンクリート製の道が続いており、それをたどっていくと、東海道本線の築堤にぽっかりと開けられた、煉瓦積みの小さなアーチ橋にたどり着いた。

開口部のうち、道に充てられているのは壁側の三分の一ほどで、残りの全部を用水路が支配していた。内径は小さく、少し屈みながら歩かないと、壁に衝突してしまいそうだった。東海道本線は複線であるので、アーチ橋は長かった。アーチ橋の内部は涼しく、歩くぶんには気持ちが良かった。積まれている煉瓦には、ところどころに白いペンキで記録が書き込まれており、「上面漏水」と読み取れるものもあった。こんな小さなアーチ橋でも、日々の点検に余念が無いことが伝わってきた。

東海道本線の下にぽっかりと開けられた煉瓦アーチ橋には、壁に沿って細い道が設けられていた。主役は明らかに用水路のほうだった

アーチ橋を抜けると、アルミ製のハシゴが立て掛けられており、それをよじ登ると、その先には茶畑へと続く農道が伸びていた。なるほど、この道は誰かの人家へと続いているわけではなく、茶畑の手入れのために設けられた通路のようだった。他人様の茶畑をウ

ロウロするわけにもいかないので、ここで引き返すことにした。

明治期の煉瓦アーチ橋が見事！

先ほどの煉瓦アーチ橋まで戻って、その造りをしげしげと眺めてみた。すると、なかなか味わいのあるアーチ橋であることがわかってきた。アーチ部分は煉瓦が三層で構成されているのだが、一番内側の一層と、その外側の二層とでは、明らかに煉瓦一つ一つの大きさが異なっていた。このような形態になっているアーチ橋はとても珍しく、煉瓦の標準的なサイズが変化した過渡期だけに見られるものであった。

煉瓦のサイズが大きいもののほうが時代としては古く、小さいもののほうが新しい。これは西洋から煉瓦が伝来した当時、手が大きい西洋人に合わせられていたサイズを、そのまま日本に持ち込んで焼成を開始したことによるもので、のちに日本人の手の大きさに合わせて煉瓦のサイズは小さくなった。この付近の東海道本線は、１８８９年に開業した当初はまだ単線で、複線化が完成したのは１９１２年のことだった。その間に、煉瓦のサイズが変化したため、複線化に伴ってアーチ部分を延長する際、一番内側の一層だけは旧規格の大きい煉瓦を採用して、延長部分と在来部分の煉瓦がきちんと噛み合うように意図されたのだった。

アーチ橋を構成する煉瓦は、一番内側の一層が大きく、その外側の二層が小さい。これは日本に煉瓦が伝来してからの歴史を物語る

周辺では同様の施工事例を見ることができ、そのうちの一つである東海道本線・菊川～掛川間の「鳥居川橋梁」については、拙著の「ランプ小屋の魔力」（イカロス出版刊）でも紹介させていただいた。これらのアーチ橋は、すでに造られてから一〇〇年以上が経過しているが、いまでも現役を保っていることがなんとも逞しい。

築堤の向こう側に行きたい！

鉄道が建設される以前は、自分の田んぼや畑まで自由に行けたのが、その間を鉄道の築堤が横切ってしまったせいで、農作業に行くのにも不便になったというケースは、全国で頻発したものと思われる。

近くを主要街道でも通っていれば、立派なアーチ橋を構築してもらえるが、そうでなければ、まさか鉄道の築堤に勝手に穴を開けるわけにもいかず、農家の方々は頭を抱えたに違いない。現代でも築堤に穴を開けることは簡単なことではないが、土木技術も発達していなかった当時ならば、なおさら困難であったと想像される。

　その代わりとして、用水路のために構築されたアーチ橋の中に、細い道を後付けすることで、農作業に必要なアクセスを確保したというのが、東海道本線の下をくぐる恐ろしく細い道の「謎」の解のようであった。

　全国を見渡すと、用水路のアーチ橋を、設計段階から農道と共用できるようにしていた事例は各地に存在する。

　その一例が、奈良県奈良市にある関西鉄道の旧線の「鹿川橋梁」だ。この旧線は「大仏線」の通称で呼ばれ、近年は「幻の大仏鉄道」の名で広く知られるようになった。その大仏線にある鹿川橋梁では、アーチの下部の「隅石」と呼ばれる部分が迫り出すように築造されており、アーチ橋の内部でも、隅石と同じ高さになるよう、煉瓦が迫り出すように積まれていた。ここに板を敷くことで、用水路の上を通路として使えるようになっていたと考えられる。鹿川橋梁では、幅に対して高さが三倍ほどあるが、用水路を跨ぐだけならば、これほどの高さは必要なかったはずで、人の行き来を想定したために、このような姿になったものと考えられた。

関西鉄道旧線に残る「鹿川橋梁」は、ずいぶんと縦長な姿になっているが、人の往来も想定してこのような姿になったと考えられる

大胆な上下二段の活用事例も

　水路の上を複合的に活用しようとした事例は、農道だけにはとどまらなかったようだ。岩手県花巻市にある、ＪＲ東日本・東北本線が後川を跨ぐアーチ橋では、内部を上下二段で活用していた様子を見ることができる。

アーチ橋の空間を有効に活用しようとした事例は各地に見られ、後川を跨ぐ東北本線のアーチ橋は、内部が上下二段の構造になっている

　現在では上段にアプローチをすることができないが、以前は上段へと続く通路が接続していたと思われる構造も見ることができた。このアーチ橋のすぐ隣には、「愛宕跨道橋」と命名された立派なアンダーパスが完成していたことから、アーチ橋の上段も役目を譲っ

たのではないかと想像された。

最後にまさかの大転倒

さて、東海道本線をくぐる恐ろしく細い道の巡礼を終え、写真もしっかりと撮ったところで、意気揚々と駅へ戻ろうとした瞬間、不意に足元がグリップを失った。必死の立て直しも虚しく、その場で大転倒を演じてしまった。

細い道は、アーチ橋を出たところから急な下り坂になっており、すぐ横を用水路の水が常に流れている影響で、表面にヌメリのようなものが生じていた。そのことに気づかず、普通に足を踏み入れてしまったのだ。みごとに後頭部を強打し、腕からは血がしたたっていた。その状況になってもなお、立ち上がってアーチ橋の外観の写真を撮っていたのだから、我ながら呆れてしまった。

ただ、服は泥だらけで、腕からは流血がなおも続いている状態であり、このままの姿で電車に乗れば、「熊にでも襲われたのか？」と、周囲の乗客を心配させてしまうことは必至であった。

幸いにも、散歩をされていた近所の方が、自宅の庭の水道を貸して下さり、泥と血液を洗い流すことができた。絆創膏まで分けて下さったおかげで、なんとか普通に電車に乗ることができる姿にまでは戻ることができた。

東海道本線の下をくぐる細い道は、その先で急な下り坂となっていた。この1枚を撮影したあと、まさかの大転倒を演じてしまった

掛川駅で電車を降り、ホテルに戻ると、フロントで救急箱を借り、改めて傷の処置をした。さすがに消毒液はしみたが、幸いにも頭のほうはタンコブだけで済んだ。あの転倒した場所に、尖ったものが無かったことが不幸中の幸いだった。ホテルの洗濯機と乾燥機で服をキレイに洗って乾かし、翌日からは次の巡礼へと出かけた。

恐ろしく細い道の謎の解にたどり着くことはできたが、巡礼において、なによりも大切にすべきことは安全であると、改めて肝に銘じた出来事だった。

恐ろしく細い道と、美しい煉瓦アーチ橋は、とても魅力的であったが、アプローチの際には安全が第一であることを再認識させられた

なぜ、極めて乗降客の少ない駅が存続できているのか？（高知県）

「駅」とは、利用する人があってこそ存り続けることができると、常識的にはイメージする。逆に、過疎化で乗降客がいなくなると、駅は存続することが難しくなる。北海道や東北地方で廃駅となるケースが相次いでいるのも、そうしたことの反映と言える。

　ところが、そんな常識がまったく通用しない駅も存在する。一日平均乗降客が○人であるのに、廃駅とはならずに存続できているケースがあるのだ。なぜ、乗降客が極めて少なくても、駅が在り続けているのか、実際に現地の様子を見に行ってみることにした。

「信号場」からの格上げだった！

　その駅とは、高知県香美市の標高二七四メートルの山間部にある、土讃線の「新改駅」だ。土讃線の数ある駅の中でも、とりわけ周辺の人家が少なく、秘境駅の一つとしてもその名を知られている。

　土讃本線（現・土讃線）は、１９３０年6月21日に土佐山田駅～角茂谷駅間が開業したが、この時点ではまだ新改駅は開業しておらず、１９３５年11月28日に「新改信号場」として開業した。旅客の取り扱いが開始されたのは、戦後の１９４７年6月1日に新改信号場が新改駅に格上げされてからのことだった。

　この経緯からみても、当初からこの周辺に大きな旅客需要は見込まれていなかったことがわかる。

　かつては駅前に商店があり、簡易委託で乗車券類の販売も行われていたというが、それも今では姿を消し、人家はまったく見られなくなっている。駅から一番近い集落でも、一キロほどは離れている。

1日平均乗降客が0人となっている土讃線の新改駅。一番近い集落でも1キロほど離れており、秘境駅の一つとしてその名を知られる

午後になってやっと始発列車！

　新改駅を訪れたのは２０２１年のことだったが、このときのダイヤでは、停車するのは阿波池田方面の上りが三本、高知方面の下りが四本だけだった。しかも、上りに関しては、午前中には一本も停車する列車がなく、始発は13時53分という遅さだった。２０２４年現在では、上りが四本、下りが二本に改められ、今度は下りの始発が15時33

分という、これまた驚異的な遅さとなっている。

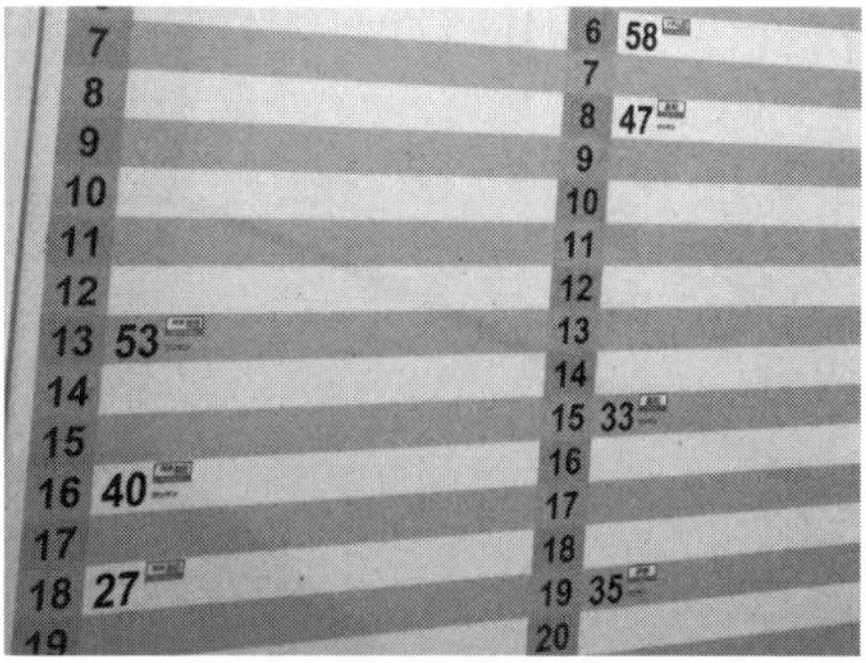

普通列車でさえ、新改駅を通過してしまうものがあり、2021年当時の時刻表を見てみても、上り列車の始発はなんと午後2時近くだった

四国で二つだけのスイッチバック

新改駅を特徴づける最大のものが「スイッチバック」だ。これは急勾配を克服するため、斜面をジグザグに上っていくもので、四国では新改駅と、坪尻駅の計二ヵ所しか存在しない。

しかも、特急列車はスイッチバックを行わずに本線を颯爽と通過していってしまうので、スイッチバックを体験したいと思うと、普通列車に乗るしかない。新改駅に停車する普通列車は前述のとおり本数が少ないため、けっこうレアな体験ということになる。

私はスイッチバックの一部始終を見届けるために、高知行きの普通列車に乗り込んで、運転席の後ろに立った。繁藤駅を発車して、第三、第二、第一大石トンネル、第二、第一無暮野トンネルをくぐり抜け、最後に全長二二九・三メートルの武屋敷トンネルを抜けたところで、新改駅が見えてきた。

シーサス・クロッシングを通過！

スイッチバックでよく見られる、複雑な構造の「シーサス・クロッシング」は、新改駅にもしっかりと存在した。シーサス・クロッシングとは、並行する二本の線路の間に、分岐器と「X」形の渡り線が挟まっている構造で、ハサミを意味する英語の「シザーズ」が語源であるという。

高知行きの下り列車は、南東側のレールをまっすぐ進んで、行き止まりになっている引き上げ線の途中で停車した。

ここで運転士はブレーキハンドルなどを抜き取って、反対側の運転台まで歩き、ブレーキハンドルなどをセット、列車は反対方向へと進み始めた。

ここからシーサス・クロッシングを左斜め方向へと進み、ホームがある行き止まりの線路へと進入していった。

新改駅のシーサス・クロッシングの全景。右上が阿波池田方面、左上が新改駅のホーム、右手前が引き上げ線で、左手前が高知方面だ

ホームに停車すると、運転士は再びブレーキハンドルなどを抜き取って、元の運転台へと戻り、最後は一番西側の線路をまっすぐに進んで、高知方面への本線を下ってゆく。

ワンマン運転の普通列車が新改駅に発着するとき、運転士は忙しい。ブレーキハンドルなどを持って、車内を行ったり来たりしなければならない

なぜ、存続できているのか？

さて、肝心の「謎」に戻るが、新改駅の一日平均乗降客が〇人であるという厳然たる事実があるのに、なぜ、廃駅とはならずに存続できているのであろうか。

前向きの理由から考えてみると、土讃線のスムーズな運行を行う上で、新改駅は必要な存在であるということが挙げられる。土讃線は単線であり、北隣の繁藤駅から新改駅までは六・三キロ、新改駅から南隣の土佐山田駅までは七・四キロの距離があり、もし新改駅が無ければ、この区間は十三・七キロにわたって列車同士の行き違いができないことになる。

逆に、後ろ向きの理由を考えてみると、駅として存続させていても、北海道や東北地方などと比べ、除雪などの維持費がそれほど大きな額にならないことが考えられる。もちろん、高知県の山間部でも冬には雪が積もるが、大きな問題とならない程度に経費が収まっている可能性が考えられた。

心配されるのは信号場への格下げ

もっとも心配される事態が、新改駅の信号場への格下げだ。現実に、駅としての利用実態はほぼゼロであるし、列車同士の行き違いのためだけに必要ということであるならば、実は信号場でも事足りてしまうからだ。なにしろ、開設当初は信号場であったのだから、あり得ない話でもない。

もし、新改駅が信号場に格下げされてしまったら、普通列車の乗客は、対向列車の通過を待つ間、外の空気を吸いに出ることもできなくなってしまう。

利用実態がほぼゼロでも、列車同士の行き違いのために新改駅は必要だ。ただ、信号所への格下げが行われてしまわないかが心配だ

新改駅の魅力は「不便さ」？

新改駅が信号場に格下げされてしまうような事態が起きてしまう前に、その魅力について改めて考えてみたい。新改駅の最大の魅力は何かと問われれば、それは、現代では到底あり得ないほどの「不便さ」ではないだろうか。

普通列車が新改駅に到着してから、発車するまでの一部始終を見届けたわけであるが、運転士がブレーキハンドルなどを手に、車内を行き来しないと、スイッチバックのある駅における停車から発車までのプロセスが完結しない。スイッチバックとは、それほどに不便な運転形態であるのだ。

全国各地にあったスイッチバックも、粘着性能の良い電車が走り始めたのをきっかけに、勾配のある本線上へとホームを移すケースが続出、この不便さの解消に躍起になっていた。

したがって、こんな不便な運転形態が現代にまで残っている新改駅は、ある意味で奇跡の存在と言っていい。

しかも新改駅は、集落から離れた坂道の上にあり、駅前にあった商店も消滅、バスも通っていないため、幾重にも不便さが重なり合っている。

現代の便利さは、あらゆる不便さを創意工夫によって克服し、ようやく手にした結果であるのだが、便利さに慣れてしまうと、不便であった時代のことをすっかり忘れ、便利さのありがたみに鈍感になってしまう。新改駅は、不便さを思い起こさせてくれる稀有な存在と言えるかもしれないのだ。

「不便さ」を観光資源に？

新改駅の魅力を「不便さ」と定義してみたが、それを観光資源として活かすためには、やや矛盾するのだが、ほんの少しアクセスを便利にする必要があるかもしれない。便利さに慣れてしまっている現代の観光客には、いきなり本格的に不便すぎると、受け入れてもらえない可能性があるからだ。

その具体的な案として、休日に一本だけ、新改駅に観光停車をする特急列車を設定するというものを考えてみた。わざわざ普通列車で新改駅まで行くのは億劫だという観光客に、手軽に「不便さ」を楽しんでもらおうという趣向だ。停車列車を増やしすぎると、新改駅の希少価値が下がってしまうため、あえての休日に一本だけとしてみた。

新改駅は、あらゆる意味で「不便さ」を内包している存在だが、それを逆手にとって、観光資源として活かす道はないのだろうか

なぜ、ものすごく細いレールが島の奥へと続いているのか？（鹿児島県）

日本の南の島に、人家の存在しない島の奥へと続く、ものすごく細いレールが存在している。それも廃線跡などではなく、不定期ながらも運行が行われている〝現役〟のレールなのだ。

そのレールが存在するのは、鹿児島県の佐多岬からおよそ六〇キロの沖合に浮かぶ屋久島だ。周囲が一三〇キロの大きな島で、自然が豊かなことでその名を知られ、一部が世界自然遺産にも登録されている。

レールの姿を自分の目で確かめたくて、過去に二度、屋久島に渡航する計画を立てたことがある。しかし、その二回とも、台風の接近で断念しており、実に二十四年越しの渡航となった。

屋久島へ渡るには、空路と海路があり、海路にはフェリーと高速船があるが、私は高速船を選び、前夜から鹿児島市内のホテルに宿泊、乗り場となる南埠頭には出航の一時間以上前に到着した。しかし、すでに長蛇の列ができており、この日の屋久島行きの便はすべて満席となっていた。早めに予約を取っておいて良かったと胸を撫で下ろした。屋久島の宮之浦港には二時間で到着、島内にたった一台残っていたレンタカーは軽トラックで、それもエアコン無しのミッション車であったが、有り難く借りることにした。窓を全開にして走っているうちに、なんだか島民の仲間入りを果たした気分だった。

この屋久島で自然の豊かさを象徴するものと言えば、やはり樹齢一〇〇〇年を超す屋久杉の存在だ。中でも、推定樹齢が三〇〇〇年を超す「大王杉」や、推定樹齢が二〇〇〇年を超す「縄文杉」が特に有名だ。

樹齢一〇〇〇年未満のものは「小杉」と呼ばれ、十七世紀に入ってからは、島津藩の手で本格的に伐採が開始された。大正時代に入ると、木材の搬出を効率化する目的で、屋久島でも森林鉄道が導入されることになった。

森林鉄道は、運材を中心に、林業全体を支える目的で敷設された軽便規格の鉄道で、一般的な鉄道よりも狭い七六二ミリの軌間が標準とされ、レールも細いものが使用された。最盛期には全国の国有林だけで六〇〇〇キロを超える森林鉄道が運行されていたが、1970年代までにそのほとんどが運行を終了してしまった。林道の整備が進んだことに加え、輸入木材の増加や、森林資源の枯渇なども影響した。

屋久島の「安房森林鉄道」も、最盛期の1960年頃には路線長が約六十一・五キロに及んだが、熊本営林局下屋久営林署としての運材は1969年に終了を迎えた。

安房森林鉄道が他と異なったのは、その後にレールの撤去が行われず、引き続き使われることになったことだ。

その使用目的は二つあり、一つは沿線の発電所の工事と管理、もう一つは「土埋木」の運材であった。土埋木とは、江戸時代に伐採されたまま放置されていた倒木のことを言い、屋久杉の伐採が禁止されている現在では、屋久杉の唯一の供給源となっている。

なぜ、ものすごく細いレールが島の奥へと続いているのかという「謎」の解は、レールが今日に至っても、二つの目的で使われ続けているからだった。

軌道の管理については、下流側の苗畑〜荒川間の十一・二キロを屋久島電工が、その先の上流側の七・一キロを屋久島森林管理署から委託を受けた有限会社愛林が、それぞれ行っている。

この管理の棲み分けは、実は訪問者にとって非常に大きな影響がある。なぜなら、上流側では軌道敷が登山道として開放されているのに対し、下流側では軌道敷への立ち入りが一切禁止されているからだ。したがって、このときの訪問でも、実際に軌道を歩いて、自分の目でレールを確認することができたのは、上流側だけだった。

ただ、下流側でも、起点となる苗畑付近では公道と接しているため、この部分だけはわずかに垣間見ることができる。屋久島に到着した初日は、真っ先にこの苗畑付近を訪れ、憧れ続けた安房森林鉄道との初対面を果たした。

なによりも印象的だったのは、やはりレールの細さだった。普段利用しているJRのレールの断面が食パンぐらいだとすれば、安房森林鉄道のレールの断面は大福餅ぐらいしかなかった。レールの上には黄色に塗られた箱型の「モーターカー」が止められていたが、こちらも軽自動車ほどのサイズしかなかった。すべてが小さくて可愛らしい鉄道であるが、巨大な屋久杉を数えきれないぐらい運んできたのであるから、見かけにはよらないものなのだ。

屋久島では安房森林鉄道の軌道が生き続けており、下流側の11.2キロは発電所の工事と管理に使われ、小さなモーターカーが活躍している

午前3時に起床、細いレールの先へ

宿泊したホテルは、屋久島でも一番値段が高いところで、朝食も評判が高かったが、それよりも私は細いレールを歩き通すことを選び、その先にある縄文杉を見に行くことにした。魅力的な朝食を泣く泣く諦め、弁当への変更をお願いした。前夜の夕食も早めの時間に済ませ、風呂も早めに入って、午後九時には布団にもぐり込んだ。

翌朝の起床は午前3時。まだ暗い中を起き出して準備を進め、フロントで弁当を受け取ると、ヘッドライトを灯して軽トラックを走らせた。

荒川までの自家用車の乗り入れは禁止されているため、屋久杉自然館から先はバスに乗り換えなければならないのだが、午前4時20分に自然館に到着したときには、すでに五〇人ぐらいが列を作っていた。始発のバスが出る午前4時40分には、列に並ぶ人は一〇〇人ぐらいに増えていた。

なんとか始発のバスの補助席にありつくことができたが、バスが動き始めると同時に、見事なほどに皆が舟をこぎ始めた。午前5時15分、まだ夜明け前の荒川登山口に到着した。

ここで朝食を摂り始める人が多く居たが、私のお目当ては細いレールのほうであり、レールに人影が写り込まないように撮影して歩くには、その人たちよりも先に出発する必要があった。

まだ誰も歩き始めないうちに、私は懐中電灯を片手に森へ向けてスタートを切った。

歩き始めてすぐの地点でレールの分岐点に差し掛かった。右が屋久島電工の管理する、立ち入りが禁止されている区間で、左が屋久島森林管理署の管理する、縄文杉方面への登山道として開放されている区間だった。

左へと進路をとり、橋を渡って少し進んだところで、素堀のトンネルが現れた。内部には点々と電灯が取り付けられており、荒々しい岩肌が照らし出されていた。ちょっと幻想的な雰囲気に、足を止めて見入ってしまった。

このトンネルの断面も、JRのものと比べて圧倒的に小さかった。足元のレールも細く、それを固定する犬釘も小さく、レールを支える枕木も細くて短かかった。すべてのもののスケールで小さいことで、手が届きそうな感覚となることが、より親しみを感じさせる原因らしかった。

レールに沿って歩いて行くうちに、だんだんと夜が明けてきて、黒々としていた森にも少しずつ色彩が戻ってきた。懐中電灯を消してポケットにしまい、代わりにカメラを取り出して、撮影をしながら歩いた。細いレールが急カーブを描くところなどは、立ち止まってシャッターを切った。レールとレールの間には板が敷いてあり、そのおかげで歩きやすく、ペースも上がった。

安房森林鉄道の荒川より上流側では、縄文杉などへと至る登山道として開放されており、レールの間には板が敷かれて歩きやすかった

ここも〝現役〟のレールではあるのだが、屋久島電工が管理する下流側と比べ、運行頻度は相当に低いらしい。埋没木の運材が行われることは稀で、荒川から七・一キロの地点にあるトイレの汲み取り用タンクを積んで往復することが使命の大半であるらしかった。あとは、万一の際に負傷者の救助のために出動することがある程度だという。トロッコが行き交う際には、沿線に設置された回転灯が点灯されて歩行者に注意を促すしくみになっているが、実際に回転灯が点されているシーンに出会うには相当の運が必要で、この日も残念ながら点灯する気配はなかった。

荒川に到着してからすぐに歩き出し、その後もペースを緩めずに歩き続けたおかげで、追い付いてくる人もなく、レールを独り占めできる状態が続いた。そこで私は、ある空想を楽しんでみることにした。それは、あたかもここをトロッコが走っていて、それに乗って森をくぐり抜けていくことを空想するというものだった。なるべく歩くスピードを一定に保ち、上下動を少なくして、レールの上をトロッコで滑走している感覚に近づけようと心掛けた。レールの継ぎ目のところでは、「ガッタン」という効果音も空想に付け加えて、カーブのところでは体を傾けた。前方から近づいてくる景色と、後方へと流れてゆく景色に意識を集中するうちに、本当にトロッコに乗車しているかのような臨場感が楽しめた。こんな〝トロッコごっこ〟が楽しめたのも、ピッチを上げて歩いてきたことのおかげであったが、もう一つの大きな要因となったのが、快晴であったことだった。

屋久島は、「一カ月で三十五日雨が降る」と言われるほどに雨が多く、降雨量は日本全国でも最多と言われる。とりわけ縄文杉周辺の山の中では雨が多いとされ、私も雨は必ず降るものと思って雨具を用意してきたが、幸運なことにまったく出番がなかったのだ。

宮脇俊三氏が著書の「夢の山岳鉄道」の中で「足がすくんだ」と表現されていた小杉谷の橋を渡ると、線路に沿ってコンクリート製の門が現れた。すっかり風化したその門は、かつての「小杉谷小・中学校」の校門だった。現在では廃村となっている小杉谷には、林業関係者とその家族を中心に、五〇〇人以上が暮らしていた。島の奥へと続く、ものすごく細いレールの、かつての役割の一つには、こうした人々の生活を支えるというものもあったのだ。

小杉谷から先では、安房森林鉄道のレールは小杉谷線と石塚線に分かれていくが、トイレの汲み取り用タンクが往復しているのは小杉谷線のほうで、縄文杉への登山道へと繋がるのもこちらだ。私も引き続きそちらに向けて歩行を続けた。

歩き続けること二時間一〇分、誰にも追い付かれることなく、ついにレールの終端まで到着した。ここからは軌道敷を離れ、縄文杉へと続く本格的な登山道へと分け入っていく。この先にはトイレが無いことや、日没までに下山するよう注意書きが並んでいた。登山道を上がっていくと、次第に風が冷たくなってきた。

　さらに歩くこと一時間一〇分、ついに目の前に縄文杉が現れた。二〇〇〇年以上も生き抜いてきたというだけあって、あちこちがコブのように盛り上がっていた。ところどころに苔まで生やした姿は、貫禄というものを感じさせ、その迫力と存在感には圧倒されるばかりだった。縄文杉との対面は、生涯忘れ得ぬ体験となった。

　縄文杉からの帰路は、これから縄文杉を目指す人々との行き違いの連続になった。登山道が狭いので、上って来る人たちの通過を待ち、それから下るのだが、人数が多いグループだと、待ち時間も長くなった。グループの中から、「日帰りの先頭の人ですね！」と声を掛けられることもたびたびで、私も「あと少しですよ！」とこれに応えた。

　麓の線路敷まで下りてくると、再び熱気がまとわり付いてきた。植生も縄文杉の付近とはまったく違っていた。

　出発するときには、重いのを覚悟で大きなペットボトルを携行してきたのだが、ここでまさかの残量ゼロという事態に直面してしまった。まだ荒川までは相当に距離があり、水分補給なしで歩き通すのは困難だった。そこで、線路脇の湧き水を汲み、これで渇きをしのぐことにした。早朝にバスで到着した荒川登山口には、正午すぎに無事に帰還、島の奥へと続く、ものすごく細いレールを自分の目で確かめたいという二十四年越しの夢が完結した。

観光化への期待は続く

　営林署をルーツとするものとしては、唯一の現役を貫く安房森林鉄道に関しては、観光資源としても熱い視線が注がれている。2014年には、観光トロッコを走らせることを目的としてNPO法人が設立された。当初の計画では、苗畑からトンゴ渕の上までの一・五キロの区間で、2018年の運行開始が目指されたが、残念ながら実現には至っていない。もし下流側が難しいならば、上流側での実現を目指してはどうだろうと、細いレールに関する続報を楽しみに待っている。

安房森林鉄道を観光資源として活かそうとする動きは10年以上前から始まっており、いつか乗車が叶う日が来ることが待ち遠しい

第二章

「謎」のワケを思索する

なぜ、「廃線」になった後のほうが賑わっているのか？（秋田県）

鉄道が「廃線」になると、それまで発着していた列車がやって来なくなるので、賑わいは失われるのが普通だ。

ところが、鉄道が廃線になった後のほうが、むしろ賑わっているというケースも存在する。中には、駅の出札口に行列ができているケースまである。なぜ、廃線になった後のほうが賑わっているのであろうか。

出札口の前に伸びる行列

秋田県小坂町に所在する「小坂駅」は、2009年まで貨物営業が行われていた小坂製錬小坂線の終着駅であった。「小坂鉄道」の名前で広く知られていたが、旅客営業は1994年の時点ですでに廃止となっていた。駅舎やプラットホームは廃止後も解体されずに残っていたものの、長らく賑わいとは無縁の状態が続いていた。

2023年10月8日、小坂駅を訪れると、駅舎の中にある出札口の前には行列ができていた。廃駅の出札口で行列ができるほどの賑わいが生まれていた理由は、小坂駅の旧構内が、2014年に「小坂鉄道レールパーク」として生まれ変わったためだった。しかもこの日は、「小坂・鉄道まつり2023」の開催期間中であったのだ。

廃駅が登録有形文化財に！

小坂駅の構内では、一番多いところでは一〇本もの線路が並ぶ。この構内の土地を地元の小坂町が借り受け、車両や駅舎、施設などは無償で譲り受けて再整備し、小坂鉄道の歴史と功績を“観て・学んで・体験できる”複合的な鉄道保存展示施設として再生させた。

1909年頃に建てられたとみられる小坂駅の駅本屋は、「鉱山の繁栄を支えた小坂鉄道の代表的遺構の一つ」として評価され、2015年には登録有形文化財にまでなった。このとき、プラットホームと機関車庫も同時に登録有形文化財となった。

1909年頃に建てたとされる小坂駅の駅本屋は、2015年に登録有形文化財となった。この日の駅の出札口では行列ができていた

保存された車両は二〇両以上

広々とした小坂駅の構内には、ディーゼル機関車を筆頭とする、小坂鉄道で活躍した歴代の車両が保存され、2015年には寝台特急「あけぼの」に使用

されていた24系寝台客車も追加された。総数では二〇両を超え、しかも動態の状態で保存されている車両が多数存在することが特筆される。

ディーゼル機関車は全部で四両あり、いずれも国鉄のＤＤ13形をモデルにしているが、このうちの三両は１９６７年に小坂鉄道が自社発注したＤＤ１３０形で、残る一両が同和鉱業片上鉄道から１９７８年に小坂鉄道へと移籍したＤＤ１３‐５５６であった。

小坂鉄道レールパークには全部で4両ものディーゼル機関車が保存されており、稼働状態で体験運転にも使用される点が特筆される

この日の「小坂・鉄道まつり２０２３」では、ＤＤ１３２機関車塗装完工お披露目構内展示撮影会が行われ、新車も同然の輝きを取り戻した機関車の前面には、特別ヘッドマークも装着された。そのヘッドマークもたびたび交換されるなど、ファンサービスに余念がなかった。

ほかにもファンに人気の高い車両として、ラッセル車の「キ１１５」があり、冬季に行われる「ラッセル車運転体験」では、ＤＤ１３‐５５６とコンビを組んで雄姿を披露している。

地味な貨車・保線車両も目玉に

小坂鉄道レールパークのもう一つの特徴は、他施設では手薄なことが多い貨車や保線車両まで保存が充実していることだ。

貨車では、前述のキ１１５のほか、無蓋車のトラ４００２、トキ１５００８、ホッパ車のホキ９０９、有蓋緩急車のワフ２８００１などが保存されており、この日はホキ９０９を使用した砕石模擬放出実演と、ワフ２８００１の構内展示が行われていた。

貨車や保線車両まで充実している。この日はホキ909を使用した砕石模擬放出実演が行われ、大勢のギャラリーが熱い視線を送っていた

保線車両では、資材や作業員の輸送で活躍した「モーターカー」のＴＭＣ１００形、ＴＭＣ２００形、Ｒ１０５形が保存され、この中でもＴＭＣ２００形は、展示車両の入換作業や、保線作業、観光トロッコの牽引、構内の除雪作業などで現在も活躍している。

どちらかといえば地味な存在であるはずの貨車や保線車両までが、主役級の扱いを受けて来場者の人気を集めている点でも、積極的な取り組みが功を奏している印象だった。

移設によって展示車両を充実

廃駅が賑わいを取り戻している要因はいくつもあるが、その中のひとつに、廃止時点では存在しなかった車両を、あとからの移設によって、展示内容を充実させている点が挙げられる。

例えば前述のＲ１０５形は、もともと小坂町立総合博物館郷土館に保存されていたが、レールパークへと移され、２０１３年に動態復活を果たした。

小坂町立総合博物館郷土館からは、秩父宮、高松宮両殿下がご乗車になった「ハ１貴賓車」と、県指定有形文化財に指定されている「11号蒸気機関車」も移設されており、展示車両の充実によってさらに魅力の向上につながっている。

そして全国的に注目を集めたのが、２０１５年に迎え入れられた、寝台特急「あけぼの」の24系寝台客車の四両だった。その顔ぶれは、スロネ24　５５１、オハネ24　５５５、オハネフ24　12、カニ24　５１１で、電源車のカニ24形まで揃った姿は、現役当時を彷彿とさせた。

2015年には、寝台特急「あけぼの」で使用されていた24系寝台客車の4両が導入され、2024年5月からは待望の宿泊営業も再開された

これらの寝台客車では実際に宿泊営業が行われたことでも人気を集めた。

２０２０年に宿泊営業はいったん休止となったが、ガバメントクラウドファンディングによる寄付などで四両の再塗装も完了し、２０２４年５月からは宿泊営業が再開されている。

「小坂・鉄道まつり２０２３」では、オハネ24形、オハネフ24形の塗装完工お披露目構内展示も行われた。

構内では観光トロッコやレールバイクへの乗車体験も実施されており、すっかり静かになっていた廃駅が、出札口に行列ができるほど多くの来場者で賑わっていたのだった。

途中の区間ではレールバイクも

小坂鉄道は、小坂〜大館間の二十二・三キロを結んでいたが、「樹海ライン」の愛称を持つ県道２号大館十和田線と多くの区間で並行して走っていた。小坂町から大館駅前へと向かうバスに乗車したが、途中で小坂鉄道の踏切跡を通過したり、新沢駅の崩れかけの駅舎を遠くに見たり、鉄橋の遺構を近くに見たりしながら、往年の鉄道の面影をたどるようにして走った。

　そしてバスが雪沢温泉の付近に差し掛かったとき、廃線跡のレールの上を走る、小さな足こぎバイクの姿が見えた。「大館・小坂鉄道レールバイク」だった。レールバイクとは、レールの上を人力で走れるようにした小型の乗り物で、マウンテンバイクのようなゴムタイヤを履いたタイプと、小径の金属車輪を履いたタイプとがある。

　大館・小坂鉄道レールバイクでは、全部で十四台が用意されており、「清風荘前」から「青岩」手前で折り返す片道約二キロの常設コースと、その逆方向へと進む片道約二キロの「ダブル鉄橋コース」があり、後者は初夏の時季に開設される。

　以前に、拙著の「走れ、トロッコ！輝け！錆レール」（イカロス出版刊）の取材で乗車する機会があったのだが、レールの上をスムーズに滑走しながら、両側の木々の緑が後ろへと流れていく爽快感は抜群で、往復約四キロの道のりは、思った以上に乗り応えがあった。当日の予約もほぼ満員の盛況であり、長期にわたって錆ついたままで放置されていたレールに、これほどのポテンシャルがあったことを、実際に現地を訪れたことで再認識したのだった。

小坂鉄道の廃線跡では、清風荘前を拠点に両方向へそれぞれ片道2キロでレールバイクが運営され、ハイシーズンには満員となる人気だ

　大館・小坂鉄道レールバイクは、四月中旬から十一月下旬までの営業で、毎週水曜日と木曜日を除き常設運行となっている。このような常設運行となったのは２０１３年からのことで、そもそもの事の起こりは、映画「ハナばあちゃん!! ～わたしのヤマのカミサマ～」の中で、架空の観光資源として登場したことだったという。

　その架空であったはずの観光資源が、２０１１年に社会実験の形でリアルな体験イベントとして実施されることになり、そこから年数回のイベント開催を経て、現在のような常設運行へと定着したのだった。

大館駅前にも手こぎトロッコが！

　大館駅前でバスを降り、まっすぐに向かったのが「秋田犬の里」だった。

　その名の通り、秋田犬発祥の地である大館の魅力を発信する施設なのだが、すぐそばに残る小坂鉄道の廃線跡を利用して、四月下旬から十一月上旬にかけての土曜、日曜、祝日に、ここでも手こぎトロッコの運行が行われている。

この日は市内で「本場大館きりたんぽまつり」が開催されていたこともあって賑わっており、手こぎトロッコの乗り場にも行列ができていた。

運行距離は片道約三〇〇メートルと手ごろなのだが、手こぎトロッコの運転は意外にハードで、子連れのお母さんが片道だけで力尽きてしまい、帰りはスタッフが空車で回送しているシーンも見られた。

大館駅前の「秋田犬の里」付近の廃線跡でも手こぎトロッコの運行が行われ、小坂鉄道は廃線になった後のほうが賑わっているのだった

なぜ、廃線になった後のほうが賑わっているのか、という「謎」の解は、一度は役目を終えた施設や車両をブラッシュアップして、集客力のある観光資源に変えたことであった。このように、鉄道というインフラは、活かし方次第で、地域にとっての大きな財産にもなり得るのだった。

存廃協議の明るい選択肢に

ここ最近、ローカル線を取り巻く状況が一層厳しいものになりつつある。それは、人口減少局面がいよいよ顕著となり、ローカル線の大きな使命であった通学輸送の先細りも、はっきりと現れてきているためだ。

２０２３年には、ＪＲ東日本・久留里線のうち、久留里〜上総亀山間の九・六キロの区間で、事実上の存廃協議の申し入れが沿線自治体に対して行われた。久留里線は、千葉県の房総半島中部を走り、半島の中ほどで行き止まりになっている路線だ。このうち、久留里〜上総亀山間は、沿線人口が少ないことに加えて、並行して走る高速バスの「カピーナ号」が、千葉方面、安房鴨川方面を直結していることも、利用者の減少に拍車をかけているようだ。

ＪＲ東日本のデータによれば、この区間の一日当たりの平均通過人員は、１９８７年には八二三人であったものが、２０２１年には五十五人にまで減少しており、およそ十五分の一になってしまったことが読み取れる。

住民団体からは、存続を求める五六九一人分の署名が提出され、対象となっている区間でのイベント列車の企画や、沿線の観光資源を生かした営業努力、運行本数の増加などが申し入れられたと報じられている。

その一方で、沿線の大幅な人口増加がすぐに見込めない現状では、かつてのような平均通過人員を取り戻すことは容易なことではないだろう。

現在、久留里線を走っているキハE130形100番台は、都心を走る電車並みの快適さを誇るが、ここでしか味わえない乗り心地というものではなく、その運行だけで直ちに観光資源になるというものでもない。仮に運行本数を少し増やしたところで、それに見合うだけの利用者の増加が期待できるかというと、それも難しそうである。

それならば、鉄道というインフラを観光資源にしてしまった小坂鉄道沿線での様々な実例が、久留里線の協議対象となっている区間でも、一つの明るい選択肢として、検討に値するものとなってはこないだろうか。

具体的には、協議対象区間のうち、田園地帯を縫うように走り抜ける久留里～平山間の一部区間を、「大館・小坂鉄道レールバイク」のような仕様で活用すれば、爽快感を味わうことが可能な観光施設として人気を集めそうだ。

上総松丘～上総亀山間の一部区間についても、小坂駅構内で運転されているモーターカー牽引の観光トロッコのような仕様で活用すれば、途中で「三本松トンネル」や「名殿トンネル」をくぐり抜けるスリルを味わうことが可能となり、こちらも人気を集めそうだ。

利用者減少に悩む久留里線の久留里～上総亀山間であるが、三本松トンネルをくぐる区間を観光資源とすることも可能かもしれない

ライバル関係をコラボ関係に

これまではライバルの関係にあった高速バスの「カピーナ号」も、鉄道というインフラが観光資源になれば、カピーナ号は遠方からの観光客を連れてきてくれる交通手段となり、カピーナ号にとっても、利用者の増加が見込める集客スポットとなり、両者がコラボ関係へと成長することも可能となる。

地域を訪れる観光客が多くなれば、それは高速バスの増便につながる可能性もあり、結果的に地域全体にとってのメリットとなることも想定される。存廃協議は、捉え方次第では、地域にとってチャンスとなるかもしれない。

小坂鉄道レールパークで運転されているモーターカー牽引のトロッコは、寂しくなったレールに人を呼び込んでくれる可能性も秘めている

なぜ、「LRT」がまったくのゼロから新設されたのか？（栃木県）

「LRT」とは、「ライト・レール・トランジット」の略で、日本語に訳すと「軽量軌道交通」、言い換えれば〝次世代型の路面電車〟ということになる。

路面電車は、かつては日本の多くの主要都市で走っていたが、自動車の普及に伴って、時代遅れだ、邪魔だと、次々に撤去されてしまった。

路面電車にはそのような過去があるため、栃木県でLRTをゼロから造ろうとする取り組みを初めて耳にしたときは、正直に申せば、本当に実現するだろうかと懐疑的に見ていた。ところが、LRTが本当に実現してしまった。それも、自動車の普及率が全国第一位という、〝クルマ社会〟の代表格とも言うべき栃木県で開業したのだ。なぜ、あえてインフラの整備が大変なLRTを、まったくのゼロから新設したのか、その「謎」を解くには、やはり現地に行ってみることが良さそうだ。

切符売場は大行列！

栃木県宇都宮市から隣接する芳賀町までを結ぶ全長十四・六キロのLRTは、「ライトライン」の愛称で2023年8月26日に開業した。ライトラインの西側の起点は「宇都宮駅東口」停留所で、ホームの端にある切符売場で一日乗車券を買い求めようと思ったのだが、長蛇の列ができており、待っている間に二本の電車を見送ることになってしまった。実は、ライトラインの利用者は当初予測のおよそ一・二倍と好調で、この日も早速にその好調ぶりを実感することとなった。

車両のインパクトが絶大！

切符売場の大行列に並んでいる間に、ライトラインの電車の外観をじっくりと観察することができたが、そのインパクトは絶大だった。なによりも、黄色のカラーリングが鮮烈だった。これは、宇都宮市が「雷都」として知られていることから、稲妻をイメージさせるカラーとして選ばれたのだという。流れるようなデザインの車両もセンスが良く、乗ってみたいと思わせる魅力にあふれていた。

車内に一歩足を踏み入れると、座席の背もたれや壁の一部に黄色が入れら

ゼロからLRTを新設する取り組みは、斬新なデザインと鮮烈な黄色のカラーリングの車両とともに、全国から注目を集める存在となった

れているものの、それ以外はグレーやブラウンの落ち着いた色調がメインで、天井に向けた間接照明も落ち着いた雰囲気を演出していた。どこか欧米の車両を見ているような気分だった。

車内には座席も多く確保されており、乗降も複数のドアからICカードによってできるなど、利用しやすくなる工夫が随所に見られた

JR宇都宮駅東口を発車する時点で、車内はほぼ満員の状態となったが、乗客の中で目に留まったのが、キャリーケースを手にしたスーツ姿のビジネスパーソンたちだった。ライトラインがこれから向かう「芳賀・高根沢工業団地」方面には、名だたる企業がいくつも立地し、それらの企業に出張で来ている人たちだと思われたが、ライトラインがそうした需要もしっかりと取り込んでいることが窺えた。

新しいビルがいくつも建って、すっかり見違えた宇都宮駅東口を出発し、「東宿郷」、「駅東公園前」と停車すると、その先で急な坂を上って、国道4号線の宇都宮バイパスの上を跨いだ。かなりの急勾配に思えたが、難なく越えていったことから、相当にパワフルな車両であることが実感された。

「宇都宮大学陽東キャンパス」では、一挙に五〇人ほどの乗客が降りた。停留所のすぐ南側にある、ショッピングモールの「ベルモール」に向かう人たちだった。ちょうど春休みの期間中でもあったため、友達同士で連れ立って来ているらしい若者の姿も目立った。

クルマにスイスイ抜かれる？

車内もキレイで、乗客も多くて、良いことずくめのライトラインであったが、ふと窓の外に目を遣ると、クルマがスイスイと追い抜いていった。駅の間隔が短いせいもあるが、走っているときのスピード自体も遅い気がした。

実は、ライトラインの最高速度は、軌道運転規則に基づき、道路との併用軌道区間では時速四〇キロまでに抑えられているのだ。現時点では、車両が本来持つ性能を封印して運転が行われているが、全国に目を向けると、京都府と滋賀県を結ぶ京阪京津線では、時速七十五キロまで出すことが認められており、ライトラインでも今後はスピードアップが実現するかもしれない。

次々と変わっていく沿線風景

車庫がある「平石」を過ぎると、鬼怒川を専用橋で渡り、「清陵高校前」からは清原工業団地へと入っていく。大規模な事業所が次々と車窓に現れ、業種も金属、機械、光学機器、電子部品、薬品、食品など多岐にわたる。「清原地区市民センター前」、「グリーンスタジアム前」でビジネスパーソンの下車も相次いだ。印象深かったのはその先で、「ゆいの杜西」では住宅地が現れ、「ゆいの杜中央」、「ゆいの杜東」にかけては、住宅のほか、飲食店やホームセンター、家電量販店、パチンコ店なども軒を連ねていた。

「芳賀台」まで来ると、再び事業所が建ち並び、ビジネスパーソンの二人が下車、「かしの森公園前」でも三人が下車して、終点の「芳賀・高根沢工業団地」まで乗車したのは六人だった。停留所の目の前には本田技研工業の広大な施設が広がっていたが、それ以外にはコンビニの一軒もなく、「ＨＵ３００形」の外観を撮影し終えると、そのまま折り返しの電車に乗った。芳賀・高根沢工業団地を発車する時点では、七人の乗車があった。

終点の芳賀・高根沢工業団地には本田技研工業の大きな施設があり、乗降客も多かったが、周辺にはコンビニの一軒もなかった

両方向ともに好調な利用状況

復路では、かしの森公園前で五人、芳賀町工業団地管理センター前で一〇人ほどが乗車した。今日が初乗りらしい、賑やかな親子連れの姿もあった。芳賀台ではビジネスパーソンの二人が乗ってきたが、先ほどの乗客も含め、みんなＩＣカードをスマートに使いこなしていた。このＩＣカードの定着のおかげで、乗降にかかる時間が当初見込まれていたよりも短くなり、ダイヤ改正では所要時間の短縮も図られることになった。

ゆいの杜中央では、車椅子で乗車される方があったが、バリアフリーが徹底されているおかげで、補助なくスムーズに車内へと移動されていた。ここでもＬＲＴが本領を発揮していた。

ゆいの杜西を発車する頃には、立ち客もチラホラと出始めるほどで、平日の日中にもかかわらず、これほどの利用があることに驚いた。

清原地区市民センター前では、地区内を循環するフィーダーバスに乗り継ぐ人の姿もあった。清陵高校前では、高校生の乗車も四人あり、通勤だけでなく、通学の需要もあることが、ライトラインの好調な業績に繋がっていることを実見した。

沿線のどの事業所も広い駐車場を持ち、乗用車でいっぱいになっていたが、ライトラインの開業で周辺道路の渋滞が緩和されたというデータもあり、今後さらに乗用車からの移行が進めば、ライトラインの業績向上と渋滞解消の両方が進むことになりそうだ。

車両への負担は大きい？

乗車していて感じたことなのだが、ライトラインのルートにはかなりのカーブがあり、S字カーブの箇所も見られた。アップダウンも相当に激しく、道路の下をくぐったと思ったら、今度は道路を乗り越え、その先でまた下るといった調子で、ブレーキを使用している機会も多かった。

地形に合わせてルートを柔軟に選定した結果、建設コストを下げることには繋がったのかもしれないが、車両への負担はかなり大きそうだと感じた。

往路では五〇人ほどの乗客が降りた宇都宮大学陽東キャンパスで下車し、停留所の南側にあるベルモールで昼食を摂ることにした。

夕方の帰宅時間帯は大混雑

宇都宮市内では、大型商業施設同士の競争が激しく、中心市街地では閉鎖に追い込まれる施設も相次いだ。立ち寄ったベルモールも、近隣施設との厳しい競争にさらされていると聞いたが、訪れた当日は来店者も多い様子で、ライトラインによる集客効果は一定程度出ているのではないかと思われた。

夕方になって、再びライトラインに乗って宇都宮駅東口へ戻ろうとしたが、電車は五分遅れで、それも超満員の状態で到着した。車内は沿線の各事業所から帰宅するビジネスパーソンでいっぱいだった。宇都宮大学陽東キャンパスで待ち構えていた乗客も一〇人以上はいたが、なんとか全員が乗り込むことができた。

駅東公園前では下車する人もいたが、それ以上に乗って来る人があり、利用がしっかり定着している様子だった。

夕方の帰宅時間帯は超満員で、宇都宮大学陽東キャンパスから乗車しようと待ち構えていた乗客も、ギリギリ全員が乗れる状態だった

LRTは〝魚の背骨〟

LRTとバスの役割分担について、宇都宮市では「魚に例えると、背骨という大きな部分を時間通り動くLRT（一部路線バスを含む）が担い、その他の骨をバスや地域内交通などが担う」とするコンセプトを紹介している。

LRTは、三車体連接の構造となっており、全長は二十九・五二メートル、定員は一六〇人となっている。ピーク時の最大断面は、片方向で一時間あたり一八八五人にも達する。これだけの輸送力を大型バスで確保しようとすると二十四台ほどが必要で、中型バスならば三十一台ほどが必要となり、LRTの威力が改めて認識される。

　ライトラインでは沿線に十九箇所の停留所が設けられており、それらのすべてがバリアフリーとなっている。そのうちの三箇所が、フィーダーバス（支線バス）とのスムーズな乗り継ぎができるトランジットセンター（交通結節点）となっている。フィーダーバスは、ライトラインのダイヤに合わせて運行されており、待ち時間の少ない乗り継ぎが実現できるよう意図されている。

見据えるのは〝まちづくり〟

　過去に路面電車が無かった都市に、まったくのゼロから路線を新設したケースは七十五年ぶりのことだったが、LRTを推進してきた関係者が見据える先にあるものは、高齢者が元気に暮らせて、消費を維持し、自由に移動しやすいという〝まちづくり〟だった。

　その構想には三十年余りの時間が費やされ、建設費用も、当初は約四五八億円と見積もられていた概算事業費が、精査の結果、約六八四億円に跳ね上がるなど、いくつもの困難に直面してきた。途中では宇都宮市の市長選もあり、反対派の声が大きくなって、推進派が僅差で勝利したこともあった。

　LRTが実現したことで、すでに目に見える形で変化が顕れ始めている。具体的には、沿線地域で高層建築物の建築確認申請件数が増加し、土地利用の高度化、地価の上昇基調の継続などの事象が見られ、周辺道路の慢性的な交通渋滞にも緩和の兆しも見られるという。そして各地の自治体が一番頭を悩ませている人口問題についても、ライトライン沿線では増加基調が継続しており、ゆいの杜地区では、五年で人口が一・五倍にも増加しているという。LRTがもたらした経済効果が小さくないことは確かなようだ。

沿線地域では高層建築物の建築確認申請件数が増加、宇都宮駅東口から駅東公園前にかけての街並みもずいぶん雰囲気が変わってきた

快速運転も開始！

　ライトラインでは、2024年4月1日のダイヤ改正から「快速」の運行を始めた。全国の路面電車でも、快速の運行は珍しく、注目を集めることとなった。快速は平日朝の最混雑時間帯に下り方面の二本が運行され、途中の停車

駅は「宇都宮大学陽東キャンパス」、「平石」、そして「清陵高校前」以東の各停留場となり、合わせて六つの停留所を通過するダイヤとなった。所要時間は、ダイヤ改正前の各駅停車と比べて六分短縮の四十二分となった。

　ダイヤ改正では、平日の各駅停車でも所要時間の短縮が図られ、改正前の四十八分から最短で四十四分となった。

　今回登場した快速は朝の二本だけであったが、運営会社の前向きな取り組みは、利用者の印象を変えることになり、それは将来における快速の増便ということに繋がることも考えられる。

宇都宮駅西側への延伸も

　2023年8月26日に開業したライトラインの十四・六キロの区間は、実は「優先開業区間」で、宇都宮駅の西側についても、「整備区間」として事業化に向けた検討が進められている。宇都宮駅東口から西口にかけては高架橋でJR宇都宮線を乗り越し、大通りを西へ進んで終点の「教育会館前」停留場に至る計画だ。全長は約四キロメートルで、全部で十二の停留所が設けられる予定となっている。この区間には東武宇都宮駅、栃木県庁、宇都宮市役所などがあり、すでに開業している駅東側の区間と直結すると、ライトラインが東西の軸として、街の一層の賑わい創出に効果を発揮するものと期待される。

宇都宮駅の西側についても事業化が検討されており、実現すれば東武宇都宮駅、栃木県庁、宇都宮市役所などが直結されることになる

県外からも羨む声が

　なぜ、LRTがまったくのゼロから新設されたのかという「謎」の解は、前述のとおり、移動しやすいことをめざした〝まちづくり〟にあった。午前中から夕方にかけてライトラインを利用してみて、特に帰宅時間帯に、車内にあふれかえるビジネスパーソンの姿を見て、なるほど、これはとてもバスで代替できるものではないと実感した。ビジネスパーソンの利用以外にも、買い物やレジャーに出かける人、通学で利用する学生の姿もあり、車椅子の方がスムーズに乗り降りをされるシーンも目撃した。今日一日の観察だけでも、LRTがまったくのゼロから新設されただけの必要性がよく理解できた。

　ライトラインのおかげで、街全体に活気がみなぎっているように感じられたことは確かで、そんな様子を羨む声が県外からも出ているという。

なぜ、「幸谷駅」は「新松戸駅」にならなかったのか？（千葉県）

たとえ運営する鉄道事業者が異なっていても、両者の「駅」が近接した位置にある場合には、乗り換えの利便性を考慮して、駅名を揃えることが一般的だ。

ところが、駅同士がすぐ近接しているのに、駅名がまったく別々であるというケースも存在する。

千葉県松戸市の流鉄流山線の「幸谷駅」と、ＪＲ東日本・常磐線と武蔵野線の「新松戸駅」も、そのようなケースの一つだ。なぜ、両者の駅名は別々のままなのであろうか。

幸谷駅のほうが先にあった！

幸谷駅は１９６１年の開業で、当時の付近の地名が幸谷（こうや）であったことから、そのまま順当に命名がなされた。

近くを常磐線が走っていたが、付近に駅は設置されておらず、１９７３年になって武蔵野線が開業したのを機に、両線の乗り換え駅として新松戸駅が新規に開設された。

ただし、この頃の幸谷駅は現在の位置にはなく、三〇〇メートルほど離れた位置に存在しており、両者の駅名が別々であったことは、この時点ではむしろ自然なことと言えた。

幸谷駅が新松戸駅の下に移転した！

１９８２年になって、乗り換え客の利便性を向上させる目的で、幸谷駅が現在の位置へと移転した。その場所は、武蔵野線の高架の真下で、新松戸駅の四番ホームの端から見下ろすと、幸谷駅がすぐ近くに見えるほどで、想像していた以上に近くて驚いた。

せっかく多額の費用を投じて幸谷駅を移転させたのだが、このときには「新松戸駅」と改称されることはなく、近接した位置にありながら、駅名が別々という、現在のような状況が生まれてしまった。

武蔵野線の新松戸駅の4番ホームから見下ろすと、すぐの位置に流鉄の幸谷駅が見える。幸谷駅は1982年にこの位置に移ってきた

駅名を揃えるチャンスはもう一度？

幸谷駅の移転のタイミングでは駅名が揃えられることはなかったが、チャンスはもう一度訪れていた。それは２００８年のことで、このときには社名が「総武流山電鉄」から「流鉄」へと変更され、路線名も「総武流山線」から「流山線」へと改称されていた。さまざまな標記類を書き換える際に、駅名も同時に変更することは可能であったはずだが、このときにも駅名が揃えられることはなかった。

駅名が別でも誰も困っていない？

幸谷駅の改札口の上には、「新松戸駅のりかえ」の案内表示が大きく掲出されていた。わざわざ元の位置から、乗り換えの利便性を向上させるために、駅を三〇〇メートルも移設したほどであるから、これぐらいのアピールはあって然るべきと思われた。それならば、なぜ、幸谷駅を新松戸駅とは改称しなかったのであろうか。幸谷駅が新松戸駅に近接していることを知らなかった乗客が困ったようなケースはなかったのだろうか。

流鉄の職員の方にお尋ねしてみたところでも、お客さんからそういった声が寄せられたことはなく、社内でも駅名を揃えるような検討は行っていないとのことだった。

このとき、反対方向から「馬橋」行きの電車が到着した。武蔵野線や常磐線に乗り換える人がたくさん降りてくるだろうと思い、改札の外へと退避した。確かにたくさんの人が降りてきたが、下車せずに、そのまま馬橋駅まで乗っていく人もかなり多いことに気が付いた。

幸谷駅には「新松戸駅のりかえ」の大きな案内表示が掲出されているが、駅名が「新松戸駅」に揃えられることはこれまでなかった

同一駅名では、むしろ都合が悪い？

新松戸駅から幸谷駅へと向かう途中には、目立つ位置に「幸谷駅」と書かれた看板が建てられており、新松戸駅からやって来る乗り換え客を積極的に誘導する姿勢が感じられた。

ところが、新松戸駅の構内で、幸谷駅を案内する表示を探してみても、これがなかなか見つからなかった。武蔵野線のホームも、常磐線のホームも探してみたが、一度目の訪問では見つけることができず、再度の訪問で、ようやく一箇所、経路を案内したポスターを改札口の前で探し当てることができた。それ以外には、駅構内で積極的な案内がなされている様子はなかった。

その理由を考えたときに、幸谷駅と新松戸駅との間では、連絡運輸の取り決めがなされていないことが関係しているのではないかと思い至った。

そこから考えると、幸谷駅と新松戸

駅が同一の駅名になってしまうことは、むしろ都合が悪いという可能性も考えられた。つまり、物理的に乗り換えは可能であるが、積極的にそのことを周知する状況にないということであれば、駅名はむしろ別々のほうが都合が良いという可能性も考えられるわけだ。

経営的にも駅名は別々が良い？

もう一つ思い当たったのは、幸谷駅で下車せずに、そのまま馬橋駅まで乗り通す人が多かったことだった。流鉄にとっては、お客さんの大半が乗り換えのために幸谷駅で降りてしまうよりも、自社線を終点の馬橋駅まで乗ってくれたほうが、経営的には有り難いということになる。流山駅から幸谷駅までだと、運賃は大人で一九〇円であるが、流山駅から馬橋駅までだと、運賃は二二〇円に上がるからだ。

なぜ馬橋駅まで乗り通している？

流鉄にとっては、多くのお客さんが終点の馬橋駅まで乗ってくれることは間違いなく有り難いことであるが、では、なぜ多くの乗客が幸谷駅で下車せずに、馬橋駅まで乗り通しているのであろうか。もちろん、「流鉄の経営を助けたい」と思って乗っている人も中にはいるだろうが、それ以外にも、なにか理由があるに違いない。

それは運賃が関係するのではないかと予想を立てた。幸谷駅で乗り換えるよりも、馬橋駅で乗り換えた方が、トータルで運賃が安くなるケースがあるからではないだろうかと睨んだのだ。

ところが、私の予想は見事に外れた。流山駅から松戸駅まで行く場合、幸谷駅で常磐線に乗り換えるよりも、馬橋駅で乗り換えたほうが、むしろ三〇円高くなるのだった。金町駅まで行く場合でも、綾瀬駅まで行く場合でも同様で、馬橋駅で乗り換えたほうが三〇円高くなった。トータルで運賃が高くなるのに、なぜ多くの乗客は、わざわざ馬橋駅まで乗り通しているのだろう。

幸谷駅で観察していると、多くの乗客が幸谷駅で下車せずに馬橋駅まで乗り通していた。それには通算運賃が関係すると予想を立てた

その答えは、もう少し先に存在していた。流山駅から北千住駅まで行く場合には、馬橋駅で常磐線に乗り換えたほうが、幸谷駅で乗り換えるよりも、六〇円も安くなるのだった。

なぜそうなるのかと言えば、ＪＲ東日本の電車特定区間の運賃は十一〜十五キロが二三〇円、一六〜二〇キロが三二〇円と定められており、馬橋〜北千住間は一三・九キロで二三〇円、新松戸〜北千住間は一五・五キロで三二〇円となり、九〇円の差が生じる。流山駅から馬橋駅まで乗り通したほうが、流鉄線内では三〇円高くなるが、常磐線は新松戸駅よりも馬橋駅から乗ったほうが北千住駅までは九〇円安くなるので、合計で六〇円安くなるのだった。特に常磐線の各駅停車は北千住駅から東京メトロ千代田線に直通するため、千代田線沿線に所用のある人にとっては、この恩恵は大きいに違いなかった。

苦境の打破に駅名改称が寄与する？

1916年に馬橋〜流山間の五・七キロで営業を開始し、まもなく開業一〇〇周年を迎えようとしているが、2005年に首都圏新都市鉄道「つくばエクスプレス」が開通した影響で、流鉄流山線は大きく業績を落としている。特に終点の流山駅は、近隣に「流山セントラルパーク駅」が開業したことで、乗客がほぼ半減するほどのダメージを被った。鉄道事業では赤字が常態化しており、不動産業の収益で鉄道事業の損失を穴埋めしている状態だ。

幸谷駅の駅舎の上層階は「流鉄カーサ新松戸」という集合住宅になっているが、実は電車の運行を支えている大切な収入源の一つなのであった。

なぜ、幸谷駅は新松戸駅にならなかったのかという「謎」の解は、そのことで誰も困っていなかった、ということのようだった。むしろ、増収に寄与していた一面があったかもしれないし、わざわざ改称したせいで、お客さんを取り逃がしてしまっては大変ということもあったのかもしれない。

ただ、いまの苦境を打破するには、思い切って「新松戸駅」と改称することも、一つの手なのかとも思う。

その理由は、武蔵野線を日頃から利用している人たちにとって、幸谷という駅名は馴染みが薄い可能性が高いが、新松戸という駅名ならば、普段からよく耳にしているからだ。流鉄流山線に「新松戸駅」があることが知れ渡れば、その駅名から、武蔵野線と接続していることは一目瞭然だ。武蔵野線沿線から流山方面に行きたい人たちに対して、南流山駅でつくばエクスプレスに乗り換えるという選択肢だけでなく、新松戸駅で流鉄流山線に乗り換えるという選択肢もあることを、改めてアピールできるかもしれないと思ったのだ。

鉄道事業の赤字は、不動産業の収益でカバーしている。幸谷駅の上にそびえる集合住宅も、電車の運行を支える大切な収入源なのだった

なぜ、「幕張豊砂駅」は「幕張新都心駅」にならなかったのか？（千葉県）

駅が新設されることになった場合、事前に「仮称」として駅名が公表されることもあれば、駅名の公募が行われることもある。

ところが、いざ正式決定の段になると、仮称とは似ても似つかぬ駅名となったり、ランキングでは下位の候補が採用されたりすることもある。

千葉県千葉市美浜区の「幕張豊砂駅」でも、開業前に駅名の公募が行われた。一四、七一五件の案が寄せられたが、選ばれたのは一、八八七件が寄せられたランキング一位の「幕張新都心駅」ではなく、一〇四件にとどまったランキング十三位の「幕張豊砂駅」だった。

なぜ、「幕張豊砂駅」は、「幕張新都心駅」とはならなかったのだろう。

てっきり幕張新都心駅になると…

実は、私は駅名の公募が行われることを知ったとき、てっきり幕張新都心駅が選ばれるものと思っていた。ただし、応募できるのは千葉市在住、または千葉市内に通勤通学する人に限定されていたため、私は結果の発表を待つことしかできなかった。そして、駅名が発表されたとき、予想すらしなかった結果に思わず驚いた。

私が幕張新都心駅と予想した理由はシンプルで、新駅の前に立地するイオンモールが、すでに「幕張新都心」を名乗っていたからだった。しかも、新駅の建設費の半分をイオンモールが負担すると報道されたことから、公募は単なる外向きのポーズで、内々ではもう幕張新都心駅に決まっているのではないかとさえ思っていた。ところが、それは大ハズレだった。

幕張新都心駅を明確に除外！

駅名の発表に際して、記者会見をしたJR東日本千葉支社長からは、選考理由の説明が行われ、「幕張新都心だと、海浜幕張駅周辺を連想させ、利用者に誤解を与えやすいという懸念があった」と、明確に除外されていたことが明らかになり、「豊砂は将来、豊かになってもらいたいという意味で命名された地名。新しい駅が町全体の豊かな発展に寄与することを願う」と、幕張豊砂駅に決まった経緯の説明が行われた。

公募が行われた際のランキング1位は「幕張新都心駅」であったが、海浜幕張駅周辺との誤解を避けるため「幕張豊砂駅」に決まった

建設費の半分を出したイオンモールが、幕張豊砂という駅名でよく納得したなと当初は思ったが、ＪＲ東日本千葉支社長の記者会見の内容を知った後では、その選考過程が良識のもとで行われたことがはっきりして、これは納得するほかないなと合点がいった。

一位から十二位までを振り返る

公募ではランキングで十三位だった「幕張豊砂駅」が選ばれたわけだが、では、ランキング一位から十二位にはどんな駅名が挙がっていたのか、改めて振り返ってみたい。

ランキング一位から順に、「幕張新都心駅」、「新幕張駅」、「幕張ゲートウェイ駅」、「美浜駅」、「まくはり新都心駅」、「豊砂駅」、「幕張ベイサイド駅」、「幕張シーサイド駅」、「湾岸幕張駅」、「浜田豊砂駅」、「イオンモール幕張駅」、「幕張マリンタウン駅」となっていた。

ネーミングのインパクトとしては、やはりランキング一位の幕張新都心駅には捨てがたいものがあるが、除外理由が明確である以上、こればかりはどうしようもない。いっぽうで、「幕張」という名称が平仮名も含めて九回登場し、「豊砂」という名称も二回登場している。その両者を掛け合わせた「幕張豊砂」という駅名は、応募案の最大公約数のような意味合いを持ち、結果的に最適な決定だったと改めて納得した。

格段に便利になった！

２０２３年3月18日に開業を果たした幕張豊砂駅は、その後も順調に利用を伸ばしているのだろうか。一周年を迎えた幕張豊砂駅に、実際に降り立ってみることにした。

京葉線の電車が幕張豊砂駅に到着すると、車内からは多くの乗客が降り立ち、ホームにもこれから電車に乗り込もうとするお客さんが多く待っていた。

幕張豊砂駅の構造は特徴的で、上りの東京方面はホームが高架上にあるのに対し、下りの蘇我方面はホームが地平にある。これは京葉線が当初は貨物線として計画されていたことの名残で、付近に計画されていた貨物駅に発着する貨物列車のために、立体交差が設けられたことに由来していた。

幕張豊砂駅は構造も特徴的で、元は貨物線の計画であった名残から、東京方面はホームが高架上にあるのに対し、蘇我方面はホームが地平にある

改札口を出ると、屋根付きの遊歩道がイオンモール幕張新都心へと続いていた。イオンモール幕張新都心は四つのモールで構成されており、駅の正面

にあるのが「エキマエ（旧ファミリーモール）」で、その南側には「アクティブモール」、東側には「ペットモール」が繋がり、さらにその先には「グランドモール」が繋がっている。駅を出たお客さんの列が、次々とエキマエに吸い込まれていった。以前、イオンモール幕張新都心に来たときは、まだ幕張豊砂駅が開業する前で、隣の海浜幕張駅から延々と歩いたことを思い出した。そのころと比べると、本当に便利になったものだと感慨深かった。

新駅なのに整備が行き届いている！

幕張豊砂駅を降りた右手にはビジネスホテルが建ち、左手には広い駅前広場が設けられていた。新しく設置されたばかりの駅なのに、なぜこんなに用意周到だったのかといえば、イオンモール幕張新都心が建設される以前から、ここに新駅を設ける構想があったためだった。将来を見越して、駅前広場を設けることのできる用地があらかじめ確保されており、いざ駅が設置されるという段になって、ただちにその工事が開始されたというわけだ。ずっと温められていた空間が、ここに来てようやく日の目を見たのだった。

幕張豊砂駅に駅前広場がいち早く完成した理由は、イオンモールが建設される以前から、新駅を設ける構想があったからだった

モール内でも駅への案内が充実

実際にイオンモール幕張新都心の中を歩いてみると、吹き抜けの壁面には「幕張豊砂駅」を案内する大きな表示が複数あり、広いモール内でも駅へのルートに迷うことはなかった。以前なら、一番東側にあるグランドモールが、モール全体の玄関口として不動の地位を誇っていたが、幕張豊砂駅が開業したことで、東西の両方に大きな玄関口を確保したようだった。

以前ならば海浜幕張駅の一択であったが、モール内には幕張豊砂駅への案内があちこちに掲出され、混雑緩和にも一役買っているようだった

この日はモールにすっかり長居をしてしまい、帰る頃には夜の九時になっていた。その時間になっても、幕張豊砂駅へと向かう人の流れは途切れてお

らず、利用者がしっかりと定着している様子だった。

新都心駅のハードルは高い？

幕張豊砂駅については、利用状況も順調な経過をたどっている様子であったが、実現しなかった「幕張新都心駅」という駅名については、実際に現地に降り立ってみた感想としては、ちょっとハードルが高かったかもしれないというものを持った。

なぜそのように感じたかと言えば、確かに駅前の整備は行き届いていたのだが、「新都心」という響きから期待する光景と、実際の駅前の光景には、まだ大きな開きがあったからだ。

新都心を名乗っている駅としては、「さいたま新都心駅」があるが、駅前には高層ビルが立ち並び、大規模なアリーナも備わり、新都心という響きにふさわしいだけの光景が広がっている。

いっぽう、幕張豊砂駅の駅前は、イオンモールと、その南側にコストコがあるものの、高層ビルが林立している状況にはなく、幕張メッセも隣の海浜幕張駅が最寄りで、まだ新都心という駅名がしっくりくるには至っていないというのが正直な印象だった。

しかし、この先、駅周辺が大きく発展して、この場所こそが新都心と呼ぶにふさわしいという日が到来したら、そのときに堂々と「幕張新都心駅」を名乗ればいいのかもしれない。

幕張豊砂駅周辺はまだ発展途上にあるのが現状だ。今後大きく発展すれば、いつか「幕張新都心駅」と改名されることもあるかもしれない

新都心駅が他に現れる可能性は？

「新都心」とは、東京都心機能を分担すべく企図された業務地区の名称で、さいたま新都心、幕張新都心とともに、神奈川県横浜市でも重点的な整備が行われた。

ただ、横浜市の場合、公募によって「みなとみらい21」と命名されたため、新都心という呼称は使われておらず、横浜駅東口地区で「新都市」という呼称が見られるにとどまっている。今後も「横浜新都心駅」という名称の駅が誕生する可能性はゼロであろう。

しかも、新都心が東京都心機能の分担を企図しているという性格上、東京都心から遠く離れた場所で新たに整備される可能性も低い。したがって、今後どこかに新都心駅が現れるとしたら、「幕張新都心駅」が唯一の可能性ということになりそうだ。幕張豊砂駅の今後の発展に期待することにしよう。

なぜ、「小川町駅」は「淡路町駅」にならなかったのか？（東京都）

駅同士がすぐ近接している場合でも、運営する鉄道事業者が異なっていると、両者の駅名がまったく別々であるケースも存在する。本章でも、流鉄流山線の「幸谷駅」と、JR東日本の常磐線・武蔵野線の「新松戸駅」のケースをご紹介した。

実は東京の都心でも、改札が互いに目の前にありながら、駅名が別々というケースが存在する。なぜ、両者の駅名は別々なのであろうか。

気づかずに通り過ぎることも？

東京の都心は、地下鉄のネットワークが密に張り巡らされ、どこへ行くにもとても便利だ。いっぽうで、路線のルートは縦横の単純なものばかりではなく、東京メトロの丸ノ内線のように、池袋駅から新宿駅に至るまでの間に、まるでカタカナの「コ」の字を描くように遠回りのルートをたどる路線も存在する。そこで重要になるのが、路線同士の乗り換えだ。ところが、前述のとおりで、駅同士がすぐ近接していても、駅名が別々というケースも存在するため、乗り慣れていないルートだと、そのことに気づかずに通り過ぎてしまうようなことも想定される。

近い、とても近い！

東京の都心で、駅同士がすぐ近接していながら、駅名が別々であることで話題にのぼるのが、東京メトロ・丸ノ内線の「淡路町駅」と、東京都交通局・新宿線の「小川町駅」だ。

丸ノ内線の池袋方面ゆきの電車に乗って淡路町駅に到着し、二番線ホームの前寄りの改札から出ると、目の前には都営新宿線の小川町駅の改札が存在している。丸ノ内線の新宿方面ゆきの電車に乗って淡路町駅に到着した場合でも、一番線ホームの後寄りの改札を出ると、階段を下りてすぐの位置に都営新宿線の小川町駅の改札が存在している。これほどまでに近接していても、駅名は別々なのだ。

左の改札が都営新宿線の小川町駅、右の改札が東京メトロ丸ノ内線の淡路町駅。ここまで近接していても、駅名が別々なのが悩ましい

それでも質問は絶えない…

ネット上でも、「淡路町駅と小川町駅は近い位置にあるのか？」、「乗り換えは複雑なのか？」、「乗り換えには一度

地上に出ないといけないのか？」といった質問の数々が投稿され、両駅は近接していること、乗り換えは容易であること、地上に出る必要はないことなどが、懇切に回答されていた。

もちろん、「地下鉄路線図」では、両駅を囲む楕円と楕円の間に、通路があることがわかるように、ちゃんと図が書き込まれているし、公式サイトにアップされている「構内立体図」でも、一度地上に出なくても両駅間の乗り換えが可能であることがわかるように、階段や通路の位置が書き込まれている。それでも、こうした質問が絶えないのであるから、駅名というのはそれだけ影響が大きいとも言えるのだ。

先に開業していたのは淡路町駅

近接している両駅のうち、先に開業したのは淡路町駅のほうで、その開業は１９５６年3月20日であった。

小川町駅のほうは、それからおよそ二十四年後の１９８０年3月16日に開業している。この時点で、すでに淡路町駅という名称は、このエリアでは定着していたと思われるが、なぜ、淡路町駅ではなく、あえて小川町駅という別の名称にしたのであろうか。

その「謎」の解については、東京都交通局の広報担当者から直接お聞かせいただいたのであるが、両駅の所在地が異なっているためであった。駅の所在地は、駅長室が所在している場所で決められることが一般的で、小川町駅の場合は東京都千代田区神田小川町、淡路町駅の場合は東京都千代田区神田淡路町なのであった。その一般的な命名の法則に従って、それぞれの駅名を決定したに過ぎなかったのだ。

もう一つの接続駅の存在

小川町駅の事情をもう少し複雑にしているのが、接続しているのが東京メトロの丸ノ内線だけではなく、東京メトロの千代田線もあるという点だ。しかも、千代田線のほうは「新御茶ノ水駅」という別の名称を名乗っているため、余計にややこしいのだ。

小川町駅の駅名事情をさらに複雑にしているのが、丸ノ内線の淡路町駅だけでなく、千代田線の新御茶ノ水駅とも連絡している点だ

さらに、この新御茶ノ水駅は、北側でＪＲ東日本の御茶ノ水駅に近接しており、その御茶ノ水駅は、さらに北側で丸ノ内線の御茶ノ水駅とも近接している。

もし仮に、近接している駅同士の名称を揃えようとすると、狭いエリアに駅がひしめいている東京の都心では、収拾がつかなくなってしまうという事情もあるのだった。

駅名を揃えるには多額の費用が！

仮に駅名を揃えようにも、そう簡単には実現できない事情がある。最大のハードルは改称に要する多額の費用だ。

茨城県龍ケ崎市のケースでは、JR常磐線の「佐貫駅」を、市の名前を冠した「龍ケ崎市駅」に改称しようと計画していたが、市の当初概算負担額は、三億八八九四万六〇〇〇円にも上っていた。

幸いにも、佐貫駅駅名改称事業が、「高輪ゲートウェイ駅」の開業や、常磐線のダイヤ改正と同じ2020年3月14日のタイミングで実施できたことで、費用の縮減効果が生じ、最終的な負担額は二億二四六九万一〇九六円に収まった。総額で一億六〇〇〇万円以上の大幅な減額が実現したが、それでも二億円以上の費用が掛かっている。

これを東京の都心で行おうとした場合、それ以上の費用が掛かることは確実と見られ、近接している駅同士の名称を揃えようとすることが容易でないことは、改めて実感させられた。

それでも駅名を揃えた実例

神奈川県横浜市にある京浜急行電鉄の「仲木戸駅」は、2020年に「京急東神奈川駅」に改称された。これは、近接しているJR東日本・東海道本線と横浜線の「東神奈川駅」に揃えた結果であった。

両駅の間には、2004年にペデストリアンデッキも完成しており、以前から乗り換え客は多かったが、それでも認知は十分でないとの判断で、改称が行われたのだった。

東神奈川駅の開業が1908年であったのに対し、京急東神奈川駅が「中木戸駅」として開業したのは1905年であったから、むしろ先輩格であったわけで、1915年に「仲木戸駅」と改められたことを考慮しても、長い歴史を有する駅名であった。費用の点も含め、とても思い切った判断がなされたわけだ。

共に長い歴史を誇ったJR東日本の東神奈川駅と京浜急行の仲木戸駅であったが、2020年に京急東神奈川駅と改称され、JR寄りに揃えられた

駅名を引き離した逆の実例も

すでに開業している駅に近接して、新たに駅が設けられることが決定し、開業前の仮称の段階では名称が揃えら

れていたのに、いざ開業してみると、まったく違う駅名になっていたというケースも存在する。それがＪＲ西日本の「大阪天満宮駅」だ。

　近接して地下鉄堺筋線と谷町線の「南森町駅」がすでに営業しており、１９９７年3月8日に開業することになったＪＲ東西線の新駅も、仮称の段階では「南森町駅」となっていた。ところが、発表された正式名称は「大阪天満宮駅」で、独自の駅名を名乗るという選択がなされたのだった。

　ただ、２００８年3月15日に開業したＪＲ西日本の「おおさか東線」では、既設駅の名称に「ＪＲ」を冠した駅名を採用することで、両者の駅名を近づけるという歩み寄りがなされており、近畿日本鉄道奈良線の「河内永和駅」に近接した新駅は「ＪＲ河内永和駅」、同大阪線の「俊徳道駅」に近接した新駅は「ＪＲ俊徳道駅」とそれぞれ命名された。大阪天満宮駅も、現在であれば、あるいは「ＪＲ南森町駅」と命名されていたかもしれない。

JR東西線の大阪天満宮駅は、仮称では地下鉄堺筋線・谷町線の南森町駅に揃えられていたが、いざ開業してみると独自駅名になっていた

同一駅名なのに遠いと逆の不評も

乗り換え客の利便性も考慮し、近接している駅同士の名称を揃えたことが、逆に「同一駅名なのに遠い」と不評に繋がってしまった実例も存在する。

　それが都営浅草線と都営大江戸線の「蔵前駅」だ。両者の駅は直線距離でおよそ二七〇メートル離れているうえ、地下で直結しておらず、一度地上まで出て移動し、そこから再び地下に潜らなければ乗り換えができない。しかも大江戸線は深い位置に駅が設けられているため、乗り換えの負担感は倍増する。私も実際に蔵前駅での乗り換えを体験してみたが、不評の嵐が吹き荒れてしまったのも無理はないと実感した。鉄道事業者が、乗り換えが可能な駅と判断して、せっかく駅名を揃えても、このような事態が発生してしまうので、駅に命名することの難しさを改めて実感する。

　それでも、改札が目の前で向かい合っている淡路町駅と小川町駅は、駅名を揃えたとして、歓迎されることはあっても、文句が出る可能性は低いように思える。もし改称による混乱が懸念されるとの声が出るならば、「淡路町・小川町駅」と併記するのも一法かと思うが、今度は駅名が長いと、別の不評を買うのであろうか。

なぜ、「京王動物園線」は複線分の用地が確保されているのか？（東京都）

京王電鉄の動物園線は、東京都日野市の高幡不動駅から、多摩動物公園駅までの二・〇キロを結ぶ路線で、全線が単線であるが、用地のほうは複線分が確保されており、架線柱も複線用のものが建てられている。

実際に現地を訪れてみると、四両編成の電車に、お客さんは合わせて一〇人ほどしか乗っておらず、終点の多摩動物公園駅も無人化されていた。それほどお客さんが多いわけでも無さそうな路線であるのに、なぜ、動物園線は全線にわたって複線分の用地が準備されているのだろうか。

駅は無人化、直通列車は消滅

前述のとおり、多摩動物公園駅では、２０２４年2月16日から駅係員が常駐しなくなった。用件のあるお客さんは、備え付けのインターホンで高幡不動駅の駅係員を呼び出すよう案内が掲出されていた。

遡ること三年前の２０２１年3月13日に実施されたダイヤ改正では、定期列車としての京王線直通列車、都営新宿線直通列車が消滅してしまった。なんだか衰退の一途をたどっているように見える動物園線であるが、かつては乗り切れないほどの乗客で賑わいを見せていた時期もあったというのだ。

約八箇月の突貫工事で完成

動物園線が開業したのは１９６４年4月29日のことで、１９５８年に開園した東京都立多摩動物公園へのアクセス路線として、１９６３年9月に着工、約八箇月という短期間で開業に漕ぎつけた。そこまで開業が急がれたのは、多摩動物公園が開園初日に約二十五万人という驚異的な数の入園者を記録するほどに人気を集めたいっぽう、交通の不便さや園内整備の不足から、開園わずか一年で早くも入園者が減少に転じたという事情があった。

2024年には無人化されてしまった多摩動物公園駅であるが、当初は大きな期待を背負って開業し、10以上の改札口がズラリと並んでいた

多摩動物公園は、当時の京王帝都電鉄が用地取得費と建設費の全額を負担し、東京都に寄付して開園したもので、開園から六年目に開設された多摩動物公園駅には、一〇を超える改札口が横一列にズラリと並び、この駅と路線に込められた期待の大きさが窺われた。

なぜ、動物園線は複線分の用地が確保されているのかという「謎」の解は、将来の需要の増加を見越していたためだった。

駅周辺には相次いで施設が立地

多摩動物公園駅の周辺では、駅の開業に前後して、集客力のある施設の立地が相次いだ。

1961年には、本田技研工業の子会社が手掛けるモータースポーツセンター兼遊園地の「多摩テック」がオープン、1964年には明星大学日野キャンパス、1977年には中央大学多摩キャンパスがそれぞれ開設された。後者では、駿河台キャンパスからの機能移転が順次進められ、両大学を合わせた学生の総数は三万人を超えた。そこに教職員の人数も加わったため、主要交通手段としての役割を担うことになった動物園線の利用は大幅に増加することとなった。

平日の朝には、新宿始発で動物園線に直通する通勤快速が二本運転され、特に最後尾の車両は学生たちで混雑した。なぜ最後尾が混んだかというと、高幡不動駅で進行方向が逆になるため、多摩動物公園駅への到着時にはこちらが先頭となり、一限目の講義にギリギリの学生たちは、駅を飛び出すと、大学へと続く坂道を急いだという。

1981年度には一日平均乗降人員が三七、六一九人を記録、これが多摩動物公園駅におけるピークとなった。

夢破れたニュータウンへの延伸

動物園線には、多摩ニュータウンへと延伸する案が検討された時期もあった。もし実現していれば、中央大学や明星大学の前を通ることになり、学生や教職員にも、さらに利用されていたであろうし、そのときには、確保されていた複線分の用地も有効に活用されたことであろう。

しかし、動物園線を延伸するルートでは、多摩ニュータウンの東側をカバーすることができないうえ、途中には三十三パーミルという急勾配が存在し、急カーブも多く、そして高幡不動駅では列車が折り返す運転形態になるなど、ネックとなる点が数多く存在した。

最終的には京王多摩川駅から延伸する形の、現在の京王相模原線のルートで建設され、動物園線の延伸という夢は実現しなかった。

動物園線では多客対応のために複線分の用地が確保され、架線柱も複線用が建てられたが、それらが活用される目途は立っていない

モノレールの開業が大打撃に

動物園線にとって大打撃となったのが、2000年の多摩都市モノレール線の開業だった。高幡不動駅から多摩動物公園駅までが完全に並行となるうえ、多摩動物公園駅の南側には「中央大学・明星大学駅」が開業、学生や教職員の需要をごっそりと持って行かれてしまったからだ。さらには、2009年に多摩テックが閉園、レジャーの需要も落ち込むこととなった。

多摩動物公園駅の一日平均乗降人員は、2022年度には四、二〇七人まで減少、これは1981年度に記録したピーク時の乗降人員と比べ、実に九分の一という激減ぶりだった。

動物園線の生きる道

せっかく確保された複線分の用地であったが、これから先も、当面は活用される機会がなさそうだ。多摩テックの跡地利用が一時は注目されたが、2010年に構想が明らかとなった「（仮称）明治大学スポーツパーク」は完全に頓挫し、日野市では「都市に残された貴重な自然資源としての緑地などを保全・活用する」としている。それはもちろん素晴らしいが、動物園線に賑わいをもたらすことは難しそうだ。

そこで京王電鉄が取った手法は、自らの手で集客力のある施設を多摩動物公園駅周辺に整備することだった。このときに役立ったのが、動物園線が開業した当時に確保されていた駅周辺の用地だった。

初代は社員の手作り

2000年にオープンした、集客のための施設の第一弾は、多摩動物公園駅の駅舎内に設置された初代の「京王れーるランド」だった。施設内には、社員の手作りによる鉄道模型のジオラマが展開され、その運転操作には実物車両のハンドルなどが使われた。子供たちが「プラレール」で遊ぶことのできるカーペットスペースも用意され、駅名標や行先板なども展示された。

2013年には、京王れーるランドのリニューアルが実施されることになった。ちょうど、京王電鉄・京王電鉄バスの前身である京王電気軌道が、1913年に笹塚〜調布間で開業してから一〇〇周年を迎えたことから、その記念事業として実現したのだった。

二代目の京王れーるランドは、車両展示場も備えた本格的な施設となり、歴代の5両がズラリと並べられた。手前は1940年製造のデハ2410

新施設を大幅に拡充

リニューアルでは、多摩動物公園駅の東側と南側の用地を活用して、二代目となる京王れーるランドが整備された。このとき、建物は二階建てとなり、屋外には車両展示場も備えた本格的な施設となった。

一階には超低床型小型バスの実物が展示されたほか、６０００系のクハ６７２２のカットボディを使用した運転体験シミュレータ、クハ６７７２のカットボディを使用した車掌体験、京王沿線を再現したＨＯゲージのジオラマなどが設置された。二階には幼児向けの遊戯施設や「プラレール」コーナーなどが設けられた。

オールドファンをも唸らせる

屋外の車両展示場には、歴代の五両がズラリと並べられ、前身の京王電気軌道時代の１９４０年に製造されたデハ２４１０を筆頭に、京王線のイメージを一新した初代５０００系のクハ５７２３、「グリーン車」の愛称で親しまれたデハ２０１５、井の頭線で活躍したクハ３７１９、京王線で初めて二〇メートルの車体を実現した６０００系のデハ６４３８が顔を揃えた。

特にデハ２４１０は、１９６９年の運用離脱後に多摩動物公園駅の前に保存されていた電車で、その後は東京都八王子市にある京王電鉄平山研修センターの京王資料館に移されていたのであるが、再び多摩動物公園駅前に戻ってきた形だ。

京王資料館からはデハ２０１５、クハ５７２３も移設されており、従来は公開機会の少なかった車両たちを間近で見ることができるようになったことで、子供たちのみならず、オールドファンをも満足させる施設となった。

駅チカの強みを活かす

京王れーるランドでは、２０２４年3月13日にもリニューアルを行い、二階を「プラレール」に特化したエリアへと変貌させた。隣接する「京王あそびの森ＨＵＧＨＵＧ」でも、同じタイミングでリニューアルを実施し、ターゲットに学生や若者も加えた。

多摩動物公園駅は、都心からのアクセスも良好で、両施設は駅チカに立地している。その強みを活かして、動物園線をさらに盛り上げていく作戦だ。

右が多摩動物公園駅、左が「京王あそびの森HUGHUG」で、駅チカの強みを活かした集客を図っている。左上を多摩都市モノレールが通過中

なぜ、「羽田空港アクセス線」は一部が単線で計画されているのか？（東京都）

JR東日本が計画している「羽田空港アクセス線（仮称）」のうち、「東山手ルート」の起工式が2023年6月2日に行われた。概算工事費は約二八〇〇億円と発表され、完成すれば、東京駅から羽田空港までの所要時間は、現在の約三〇分から、約一八分にまで短縮される見込みだという。しかも、宇都宮線・高崎線・常磐線方面からの直通も計画されているとのことだ。

それほどの壮大なスケールの計画でありながら、たった一箇所、単線で計画されている箇所がある。将来、ここがボトルネックとなってしまいそうな気がするのだが、なぜ、一部が単線で計画されているのであろうか。

休止していた貨物線を再利用

着工された東山手ルートのうち、東海道本線から分岐する田町駅付近から、東京貨物ターミナル駅までは、三〇年近くにわたって休止状態が続いていた貨物専用の通称「大汐線」の高架橋が再利用されることになった。その現在の様子を見に行ってみることにした。

東京都港区の「港南四丁目」バス停で上を見上げてみると、東京モノレールの高架橋が横切ってゆき、そのさらに上の高い位置を高架橋が横切っていた。高架橋は複線用のものが二本並んでおり、そのうちの一本は東海道新幹線の大井車両基地へと向かう回送線であるが、もう一本は架線柱こそあるものの、肝心の架線が無い状態となっていた。この高架橋こそが、再利用されることになった大汐線のものだった。

大汐線は、1973年に塩浜操車場（現・川崎貨物駅）～東京貨物ターミナル駅～汐留駅を結ぶルートで開業した東海道本線の貨物支線で、大井の「大」と汐留駅の「汐」を取って、この通称で呼ばれていた。

しかし、汐留駅は1986年で廃止となり、1998年には都営地下鉄大江戸線の工事で東京貨物ターミナル駅～浜松町駅間も休止となり、それ以来、大汐線は忘れられた存在となっていた。

現地で大汐線の高架橋を見上げた印象としては、休止線のものとは思えないほど立派で、再び利用されることはとても喜ばしいことのように感じた。

港南四丁目バス停から見上げると、右手前に東京モノレールの高架橋、左から右へ横切ってゆく新幹線回送線と大汐線を一望することができる

十本の線路がひしめいていた！

さて、東山手ルートでたった一箇所、単線で計画されているのは、田町駅付近の「東海道線接続区間」と呼ばれている箇所だ。この付近では、休止中の大汐線を含めると、十本の線路敷がひしめいていた。東から順に、大汐線一本、東海道新幹線二本、東海道本線二本、京浜東北線南行、山手線外回り、山手線引き上げ線、山手線内回り、京浜東北線北行の各一本の、合計十本だった。

このうち、山手線引き上げ線を撤去して、空いたスペースに山手線外回りをスライドし、そのあとも順々にスライドを繰り返して、東海道本線の上下線の間にできた隙間に、地下から東山手ルートが地上に出て来るという、手間のかかる工事計画となっている。

なぜ、羽田空港アクセス線は一部が単線で計画されたのかという「謎」についての解は、東海道新幹線の下をくぐった後に、地上へ出るために確保できたスペースが、山手線引き上げ線を撤去した線路一本分の幅しかなかったということだった。そのことに加えて、再利用することになった大汐線自体も、もともと田町駅から先の区間では単線だったという事情も関係していると考えられた。

一時間あたり八本を計画

報道によれば、東山手ルートでは十五両編成までの列車に対応し、運転本数は一時間あたり八本、一日あたり一四四本を計画しているという。

一時間あたり八本というのは、上下合わせての本数のようだが、それでも東海道線接続区間にある単線区間を一時間に八本の列車が通過するというのは、なかなか大変だ。単線区間では、羽田空港からの対向列車が通過している間は、東京駅からの列車は進入することができず、東海道本線の線路上で待機することになるのであろう。

しかし、東海道本線は普通列車に加え、品川・伊豆方面への特急列車も走る路線であり、多い時間帯では一時間に合わせて十五本以上の列車が通過する。そんな東海道本線の線路上に、羽田空港への列車が対向列車の通過待ちで停車していたら、たちまち後ろで渋滞が発生してしまいそうである。

大汐線をもっと活用できないか？

前述のとおり、東海道線接続区間では十本もの線路敷がひしめいており、東山手ルートのために確保できたスペースは線路一本分だけだった。

しかし、東海道新幹線の線路が二本並ぶ東側には、かつて大汐線が敷かれていた用地が伸びている。もし、この大汐線の用地に、東海道新幹線の線路を順番に東側へとスライドできれば、その西側には線路一本分の用地を生み出すことができるはずである。

東海道線接続区間では、すでに引き上げ線が撤去され、ここに線路を順々にスライドして、東山手ルートのスペースを確保する計画だ

もちろん、東海道新幹線の線路をスライドすることなど、そう簡単でないことは容易に想像がつくが、羽田空港という日本の玄関口と、東京駅とを結ぶ重要路線であることを考えれば、鉄道会社同士が協力し合って、用地の交換なども検討してもらいたいところだ。

接続地点を上下線で分ける？

もし、東海道新幹線を大汐線の位置までスライドさせることが全く不可能な場合で、どうしても単線区間を解消する必要が出た場合には、東海道本線との接続地点を、東山手ルートの上下線のそれぞれで、まったく分けてしまうというのも一法かもしれない。

具体的には、東山手ルートの単線区間は現行の計画通りに建設して、これを北行専用とし、南行は別途に浜松町駅付近で東海道本線の下り線から分岐する形にするというものである。

ただし、現状のままでは、浜松町駅付近で東海道本線の下り線から東山手ルート南行を分岐させるためのスペースが存在しない。そこで、東海道本線の下り線の高架橋を、現在よりも高い位置まで持ち上げる形に改め、高架橋の上で東山手ルート南行を分岐し、東海道本線の下り線はそのあとで再び元の高さまで戻るというものである。

高架橋の上で分岐した東山手ルート南行は、そのまま東海道新幹線の上を乗り越して、新幹線の東側まで進めば、大汐線の用地を使って地上へと下りることができる。そこから先は、もともと大汐線が敷かれていた線路一本分の用地を再利用して南下して行けば、田町駅の南側で旧大汐線の複線用の高架橋まで達することが可能となる。

単線区間の解消は、東山手ルートの利用状況を見定めてからでも良いとの判断もあるのかもしれないが、早晩、線路容量が逼迫してしまうことも予想される。様々な選択肢について検討しておくことが重要かもしれない。

東海道新幹線の手前側に大汐線の用地が残る。ここに新幹線をスライドできれば、東山手ルートの複線化用地が確保できるかもしれない

アクセス線計画は全部で三ルート

羽田空港アクセス線の構想は、２０１６年４月の交通政策審議会答申第一九八号「東京圏における今後の都市鉄道のあり方について」において、「国際競争力の強化に資する鉄道ネットワークプロジェクト」に位置付けられ、インバウンド需要のさらなる拡大など、首都空港として重要性が高まる羽田空港の機能強化にも大きく寄与する計画であると、ＪＲ東日本の公式発表で紹介されている。

今回着工されたのは東山手ルートであるが、ほかにも、羽田空港とお台場・東京ビッグサイト・新木場方面とを結ぶ「臨海部ルート」、渋谷・新宿・池袋方面とを結ぶ「西山手ルート」が計画されており、このうち臨海部ルートについては、東山手ルートと同時開業を目指すことが発表された。これらの三ルートがすべて完成すると、さらにその先への直通運転も視野に入れられており、羽田空港へのアクセスを革命的に変える路線となることは間違いなさそうだ。

次の課題は羽田空港新駅(仮称)

最終的には三ルートからの列車が発着することになるのが、「羽田空港新駅(仮称)」だ。公表されている計画によれば、第一旅客ターミナルと第二旅客ターミナルの間の空港構内道路下に、最大幅員約十二メートル、延長約三一〇メートルの島式一面二線のホームを有する地下駅を設置する予定だ。

島式一面二線のホームを有する終端駅と言えば、東京駅の中央線ホームが思い浮かぶ。平日の午前八時台には、二～三分間隔で列車が次々と到着し、一時間あたりで二十六本もの列車が発車している。

その能力を思えば、三ルートのすべてが開業したあとの羽田空港新駅でも、ある程度の列車を迎え入れることは可能であろう。ただ、乗客の大半が大きな荷物を携行することを考えると、乗降には時間がかかることが予想され、果たして一面二線のホームで三ルートすべての列車に対処できるのか、それは開業後の課題となろう。

先行して着工された東山手ルートの開業目標は２０３１年度だ。その頃までに、単線区間の課題について、なんらかの道筋が付けられるのかどうか、いまから注目されるところだ。

大汐線はもともと田町駅付近から先は単線だった。アクセス線の開業後に需要が増大した場合、単線の解消が大きな課題となりそうだ

なぜ、北陸新幹線「新高岡駅」は高岡駅から微妙な距離にあるのか？（富山県）

新幹線が新規に開業する際、経路上の主要都市には駅を設置することになるが、市街中心付近の在来線の駅に併設とする場合と、郊外のまったく新しい場所に新設とする場合のどちらかになることが一般的だ。

ところが、市街中心付近の在来線の駅からわずか一・八キロという微妙な位置に開業した新幹線の駅が存在する。富山県高岡市にある北陸新幹線の「新高岡駅」だ。なぜ、このような微妙な距離の場所に、新幹線の駅が新設されたのであろうか。

両駅間は城端線でわずか三分！

高岡市は、人口十六万人あまりを擁する富山県第二の都市で、市の代表駅である在来線の「高岡駅」の歴史も古い。1898年に中越鉄道（現・城端線ほか）と官設鉄道（現・あいの風とやま鉄道）が乗り入れる駅として開業して以来、まもなく一三〇年を迎えようとしている。ホテルや飲食店、商店など賑わいの中心も、高岡駅周辺に所在している。

まもなく開業から130年を迎える高岡駅。駅周辺にはホテルや飲食店、商店などが集積しているが、新高岡駅とは微妙な距離にある

いっぽう、新高岡駅は北陸新幹線の長野駅～金沢駅間の開業に伴って2015年に新設された駅で、交差する城端線にも同名の新駅が設置された。高岡駅と新高岡駅の間は、城端線がわずか三分で結んでいる。

ただし、城端線の日中の運転頻度は一時間に一本程度で、しかも新幹線との接続が主眼に置かれたダイヤというわけではないため、せっかく新幹線で新高岡駅に早く着いても、城端線の乗り継ぎに三〇分以上の待ち時間が生じてしまうこともある。

乗り継ぎは富山駅のほうが便利！

東京方面から北陸新幹線に乗車して、最終目的地が高岡駅であった場合、実は新高岡駅で城端線に乗り継ぐよりも、一つ手前の富山駅で下車して、第三セクターの「あいの風とやま鉄道」に乗り継いだほうが便利なことが多い。

その一つの理由が、富山駅には北陸新幹線の速達タイプの「かがやき」が停車することだ。新高岡駅には停車しない。もう一つの理由が、富山駅～高岡駅間では、あいの風とやま鉄道がほとんどの時間帯で一時間に二本以上の列車を運行しており、乗り継ぎの待ち時間も短くて済むケースが多いからだ。さらには、新高岡駅で乗り継ぐよりも、富山駅で乗り継いだほうが、合計金額で五〇〇円近く安いことも魅力だ。

　このため、高岡駅から東京方面に向かう際には、新高岡駅で北陸新幹線に乗り継ぐよりも、富山駅で乗り継ぎをすることを選ぶという声が市民の間でも聞かれた。

新高岡駅と高岡駅の間を城端線が3分で結んでいるが、運転頻度が高くないため、新幹線のアクセスとして力不足な面は否めない

複雑な経過をたどった北陸新幹線

　では、新高岡駅はなぜ、高岡駅から一・八キロという微妙な位置に設置されたのであろうか。

　実は、高岡市では、当初は新幹線の駅を、在来線の高岡駅に併設する方向で要望していた。それが最終的にこのような位置関係になった「謎」の解には、北陸新幹線を巡る複雑な歴史が関係していた。少し長くなるが、その歴史を振り返ってみたい。

　北陸新幹線の建設の歴史は、1972年に全国新幹線鉄道整備法第四条第一項の規定による「建設を開始すべき新幹線鉄道の路線を定める基本計画」に公示されたことで始まり、翌年には整備計画が決定された五路線、いわゆる「整備新幹線」の一つとなった。ただ、富山駅と金沢駅の間については、なるべく短い距離で結ぶことに主眼が置かれ、高岡駅を経由する予定とはなっていなかった。

　その後の国鉄の財政悪化により、建設は凍結となってしまったが、1987年に凍結解除が閣議決定され、いよいよ北陸新幹線の建設に向けて動き出すことになった。

　ただし、建設費を少しでも圧縮するため、新潟県、富山県、石川県における区間では、糸魚川～魚津間と、高岡～金沢間にのみ、新幹線規格の新線を建設し、敷設する軌道は新幹線用ではなく在来線用として、前後の在来線と繋ぎ合わせる「スーパー特急方式」が採用されることになった。

　この方式であれば、将来、フル規格の新幹線に格上げされることになった場合でも、軌道を新幹線用に敷き直すことで、建設した施設はそのまま使えるというメリットがあった。高岡～金沢間に建設される新線は、高岡駅の西側で在来線と接続することになっていたため、開業後に運行される列車は、高岡駅を経由することが確約された形となった。

　1989年には、難工事が予想された、富山・石川県境の全長六、一三〇メートルの「加越トンネル」が着工され、このまま順調に進めば、高岡駅を経由することで間違いないはずだった。

経営分離問題でルートが変更に

　加越トンネルの掘削は着々と進んでいたが、ここで一つの問題が起こった。新線の開業後には、並行在来線となる北陸本線が経営分離されることになったのだが、このことに沿線自治体の一部が強く反発したのだ。

　これに配慮する形で　富山県はスーパー特急方式の新線の建設区間を、高岡〜金沢間から、石動〜金沢間に変更することを提案した。こうすることで、経営分離される区間を石動〜金沢間に短縮し、富山県内で経営分離される距離を大幅に短くしようとしたのだ。

　この提案が了承され、ルートはそれまでよりも南側へと移されることになった。すでに着工されていた加越トンネルは、八・八億円もの建設費が投じられ、二八五メートルの作業坑と、三〇〇メートルの本坑が完成していたが、未完成のままで放棄されてしまった。

事態は二転三転

　新たに設定されたルートでは、加越トンネルから四キロほど南の位置に「新倶利伽羅トンネル」が掘削され、1996年に貫通した。新線と在来線との接続地点は石動駅の西側へと変わったが、このままスーパー特急方式で開業までこぎ着ければ、高岡駅を経由することに変わりはないはずだった。

　それが、そうはならなかった。2004年に建設計画の見直しが行われ、長野〜金沢間の全区間がフル規格で整備されることに変更となったのだ。

　フル規格で整備する場合、最小曲線半径は四〇〇〇メートルと定められており、ルートを設定する際の制約が大幅に厳しくなった。

　新幹線の駅についても、在来線の高岡駅にできるだけ近づける配慮がなされたとの記述も見られるが、それでも高岡駅への併設は実現しなかった。

　しかも、当初は城端線と接続しない方針であった。しかし、県や高岡市をはじめとする地元自治体の要望を受け、2005年に新高岡駅の位置を二五〇

スーパー特急方式からフル規格に変わったことで、高岡駅との併設が不可能となり、微妙な距離の位置に新高岡駅が設けられたのだった

メートルほど西側に変更することになり、さらに2012年には、乗り換えが可能なように、城端線にもホームを設置することが決定された。

一連の経緯の中で、象徴的なのが新倶利伽羅トンネルで、その掘削を行うきっかけとなったのが、経営分離される富山県内の区間を短縮することであった。しかし、全区間がフル規格で整備されたことで、県内の北陸本線はすべての区間で経営分離が実施される結果となった。トンネルを掘り直してまで採った新たなルートは、ただ曲線を増やしただけで、しかも在来線の高岡駅との併設を帳消しにしてしまった。

新高岡駅は新たな街づくりの核に

なぜ、高岡駅から一・八キロという微妙な位置に、新高岡駅が開業したのかという「謎」の解は、これがその全経過であった。ただ、この位置に新高岡駅ができたことは、新たな街づくりの良いきっかけにもなった。

というのも、のちに新高岡駅が開業することになる隣接地には、「イオン高岡ショッピングセンター（現・イオンモール高岡）」が2002年にオープンしていたからだ。オープン後に増床が行われた結果、敷地面積は約二〇万平方メートル、店舗数約二〇〇店、駐車台数約四四〇〇台という、北陸最大級の規模にまで成長した。このモールに隣接して新高岡駅が2015年に開業したことで、モールへのアクセス手段が増えるとともに、すでに成熟していた市街中心部にも新しい風を吹き込むきっかけとなったのだった。

経営移管で利便性の向上も

高岡駅〜新高岡駅〜城端駅を結んでいる城端線が、高岡駅〜氷見駅を結んでいる氷見線とともに、2029年をめどにJR西日本から、あいの風とやま鉄道に移管されることになった。

これに合わせて、一七六億円を投じて新型車両を計三十四両導入し、運行本数も両路線で一日あたり六〇本程度に増やす計画だ。日中にはパターンダイヤの導入も検討されている。これにより、利用者数を2022年度の一日あたり約九六〇〇人から、2033年度には約一二、〇〇〇人まで増やす計画となっている。

公表された資料の中で、注目されたのが「両線を直通化」というキーワードで、直通化を実施する場合には、技術面でJR西日本が協力・支援することに合意したという。

両線の直通化が実現できれば、新高岡駅で下車した乗客が、乗り換えなしで氷見方面へ向かうことが可能となり、また、高岡駅〜新高岡駅間で増便が実現できれば、市街地の一体的な賑わいの創出にも繋がる。高岡駅と新高岡駅の微妙な距離も、高岡市の発展のためには案外良かったのかもしれない。

なぜ、「リニア中央新幹線」はこんなに難航しているのか？（静岡県）

このところ、「リニア中央新幹線（以下、リニア）」の話題を見ない日は無いぐらいに、連日、新聞やテレビ、ネットを賑わせている。それも、一進一退の膠着状態を伝える内容や、工事に伴う水枯れを伝える内容など、前向きなニュースは少ない。いったいなぜ、リニアはこんなにも難航しているのだろうか。

外野からの無責任な感想を述べれば、事業を進めたいJR東海と、環境への影響を心配する関係者との間で、双方の主張がいまいち噛み合っていないことが一因のようにも見える。それぞれに大義があり、簡単に譲ることもできないであろうし、そうしたことが問題を複雑化させ、長期化させているこ とは、これまでの経過からも推察できる。

環境への影響については、それを公平に評価し、影響を最小化する術は、環境工学や土木工学の専門家に委ねるほか無いであろうから、専門家でもない私がここでなにかを書き連ねることはやめておこうと思う。

ただ、そうした専門的な視点ではなく、もっとも原始的な「感情」という視点からならば、このテーマについて考えることができるかもしれない。

県民に何か得はあるか？

もっとも原始的な感情に、損か、得か、というものがあり、物事を決めるときには、大きなファクターとなる。では、リニアの場合、話題の中心となっている静岡県において、県民に何か得はあるのだろうか。

リニアは県北部を通る計画だが、県内に駅を設置する予定は無い。

これを身近な例に置き換えてみると、「鉄道新線のルートが近所を通る計画となっているが、地区に駅を設置する予定は無い」と考えるとわかりやすいかもしれない。

この想定の場合、用地買収の対象となる当事者だけは、金銭の補償が得られるが、それ以外の大半の住民には、何の得もない。工事期間中にダンプカーの通行台数が増えるだけで、完成後に自分たちの利便性が向上するわけでもない。

わが町をただ通過するだけの鉄道新線であっても、それに賛同しようとする住民の感情は、「その開通によって恩恵を受ける人たちがいるならば、その人たちのために、少しぐらいは我慢しよう」といったところが本音ではないかと思う。

リニアの場合も、静岡県を通過するだけで、県内に駅が設けられるわけでもなく、とりたてて県民の利便性が向上するわけでもない。仮に建設に賛同する県民がいたとしても、「長距離を行き交う利用者の利便性が向上するならば受け入れよう」といったところが本音ではないだろうか。

リニア中央新幹線が難航している原因の一つには、JR東海と静岡県との議論が、いまいち噛み合っていないこともあるように思える

県民へのリスペクトは十分か？

得にもならないことを、相手に受け入れてもらいたいと願うシーンは、我々の日常でも比較的頻繁に起こる。その場合、一番大切になってくるのは、それを受け入れてくれる相手へのリスペクトではないだろうか。

もし、リスペクトを抜きにして、相手が受け入れるのが当然という態度で交渉に臨めば、相手が感情を害することは想像に難くない。

リニアの場合、仮にもし、「国家的な事業なのだから、県民は受け入れるのが当然」という前提で物事を進めようとする場面があったならば、感情的にこじれてしまうのも自然なことで、万一そういうことがあったならば、丁寧に解きほぐすしか道はないであろう。

県民へのリスペクトとは何か？

では、県民に対するリスペクトとはなにか。それを考えるには、やはり静岡県のリアルな姿を見るのが一番だ。私がこれまでに静岡県を訪れた回数は、もう数十回は下らないと思うが、それでもこの原稿を書くに当たっては、県庁所在地である静岡市に改めて降り立って、街の姿を自分の目でもう一度見たいと思った。

東海道新幹線で静岡駅に降り立ち、一日を過ごしてみることにした。

駅前から市内を歩いてみて感じたのは、街の賑わいと、歴史遺産の保全のバランスが良いことだった。それぞれの商店に活気があり、人通りも多いのだが、少し歩けば駿府城の石垣が原形で保存され、市民が自由に観られるように立派な施設が建てられていたのだ。世界的にも知られた模型会社の本社も市内に所在し、ショールームでは歴代の製品が一堂に会していた。観光という側面でも足腰の強さを感じた。街で食事をして、最後に床屋で髪を切ってもらってから新幹線に乗り込んだ。

静岡市への行き帰りでは新幹線を利用したわけだが、一番気になったことが、停車する本数の少なさだった。

日中の時間帯だと、「こだま」が一時間に一本、「ひかり」が一時間に二本、合計で一時間に三本だけだった。その間に、「のぞみ」は一時間に七～八本が通過してゆく。

　人口が約六十七万人を誇る静岡市の玄関口で、この停車本数は妥当と言えるのだろうか。ちょっと乱暴なのを承知で、人口が約七十一万人の岡山市と比較してみると、その玄関口である岡山駅には「のぞみ」が一時間に三本、「ひかり」と「さくら」と「みずほ」が一時間に一本ずつで、一時間におおよそ六本が停車する。

　「のぞみ」が長距離移動を重視した列車であることは重々承知だが、静岡県内に一本も「のぞみ」が停まらないという現状を、県民はどう感じているだろうか。リスペクトということで考えるならば、県内の二大主要駅である静岡駅と浜松駅に、「のぞみ」を毎時一本ずつ停車させるぐらいの心意気があっても良いのではないだろうか。

　「のぞみ」の静岡県内への停車の件は、もっと以前から考えられても良かった気がするが、リニアという負担を県民にお願いするに際して、それに見合ったメリットとリスペクトという観点から、まさにいま、検討があっても良いのではないかと思えた。

約67万人を擁する静岡市の玄関口に、のぞみは1本も停車しない。日中はひかりが1時間あたり1本、こだまが2本停車するだけだ

「プランB」という考え方は？

　もちろん、相手をリスペクトしたからと言って、世の中のすべての問題が解決するほど単純でないことも自明だ。我々の日常でも、一つのプランが壁にぶつかったときに備えて、その代替となる「プランB」を考えておくのは必要なことで、リニアの場合でも、当然に「プランB」という考え方は必須であろう。公表がなされていないだけで、JR東海の社内でも秘密裡に検討がなされているかもしれない。リニアほどの巨大プロジェクトならば、「プランC」も、「プランD」も、あるいは水面下で立案済みかもしれない。むしろ、そうであって欲しいぐらいだ。

　もしもこのまま、静岡県内の区間が進捗せず、リニアが完成しないままで終わってしまうようなことが起こったら、それこそ壮大な「未成線」となってしまう恐れがあり、それが一番心配だ。

　では、リニアにとっての「プランB」とは、どのようなものが考えられるだろうか。なお、ここから先で登場する「プランB」以下の呼称は、著者が便宜上、そのように勝手に分類しただけで、実際にそのような呼称で検討が行われているという意味ではまったくない。

その点はどうかご留意いただいて読み進めていただきたい。

さて、誰もが最初に思い付く、一番シンプルなプランBとは、ルートを変更することであろう。静岡県内でどうしても工事が進められない場合には、静岡県を通過しないルートに改めるほか無いという発想からである。

実際のルート図を見てみると、東京都、神奈川県、山梨県と進んできて、その先で少し南へ湾曲するようにして、静岡県の北部をかすめるように通過している。この湾曲部分を、北側へ改めれば、静岡県を通過する部分は無くなる。もちろん、ルート変更には、環境アセスメントから、地質のボーリング調査まで、何段階ものステップがあり、そう簡単なことでないことは承知している。ただ、本命のプランに拘りすぎたあまり、代替のプランを選択する余地が無くなってしまってからでは、手遅れになってしまう可能性もある。プランBというのは、結果的に採用せずに済むことこそがベストであり、そこに過度のエネルギーを注ぐことは必要ないにせよ、備えておくことは必要ではないかという気がしている。

「プランC」、「プランD」は？

仮想的に「プランC」と呼ぶことにする、続いての選択肢は、JR東海が明確に採用を否定されている内容なので、代替案にはなり得ないのであるが、東京都～山梨県区間の先行開業を検討してはどうだろうという案である。

リニアは、高速輸送機関としてはまだ国内で先例がない新しい分野であり、実際に旅客輸送に供してみて初めて、課題が浮き彫りになる可能性もある。先行開業することによって、そうした課題の洗い出しと、全線開業に向けた課題の解決に繋げることができる。

先行開業のメリットはそれだけではない。まだ国民の大半が乗ったことのないリニアには、乗ってみたいという観光目的の乗客が大挙して押し寄せることが想定される。それは沿線に波及効果をもたらすことになり、そのことが全線開業への機運向上にも繋がる可能性が考えられる。

さらには、先行開業による実証によって、海外への技術輸出にも道が拓けることになるのではないだろうか。

先行開業では、採算性に課題も出るであろうし、そのことによって全線開業にも支障が生じる心配もあろうけれど、しかし、まったく開業できないままで未成線に終わるような事態になってしまえば、すべての可能性が潰えてしまう。最優先にすべきプランでは無いことは確かだが、それでも検討しておく価値はあるのではないかと思う。

最後に、「プランD」と仮想的に呼ぶ案に至っては、検討される可能性がほぼゼロであり、言及する必要すら無いのかもしれないが、このような機会もなかなか無いと思われるので、あえて触れておくと、リニアの事業そのものを、他の整備新幹線と同様のスキームで検討してみるという案である。

整備新幹線については、前項で根拠となった法律などについて述べたが、その建設に関しては、当時は国や自治体の補助を受けて日本鉄道建設公団という特殊法人が建設主体となって行い、完成後は公団が保有し、営業主体であるJRが公団に貸付料を支払い、借り受けて営業するというものになっていた。2003年に日本鉄道建設公団と運輸施設整備事業団が統合され、独立行政法人鉄道建設・運輸施設整備支援機構が設立されて現在に至っている。

中央新幹線については、この整備新幹線の枠組みには入っておらず、1989年に関係者間でJR東海が一元的に経営することで合意に至ったとされている。

その総投資額は約8・3兆円から9・9兆円と言われ、そのうち約3兆円は日本国政府から財政投融資で借り入れたとされている。

JR東海にとっては、まさに社運を賭して取り組んできた巨大プロジェクトであるが、難航していることはここまで述べてきたとおりであり、この先も工事の遅れが続いて、開業の見通しが立たない状態が続くと、リニアに関しては収入も無いまま、建設費や維持費だけが延々と支出され続けることになる。いくらJR東海が大きな企業であるとは言っても、その状態がいつまでも続けばダメージも大きい。

そこで、プランDとして考えたのは、これまでに買収した用地や、建設した施設を、いったん前述の鉄道建設・運輸施設整備支援機構、あるいは国に買い上げてもらって、施設の完成後に貸付料を支払って借り受け、JR東海が運行を担うという選択肢だ。

もちろん、あくまでもプランDとしての検討であるので、このようなプランが必要とされないことが一番であるが、この先に待ち受ける障壁がどのようなものであるかは、誰にもわからない。リニアは、とてつもなく大きなプロジェクトであるだけに、あらゆる選択肢について考えておくことも、必要ではないだろうかと思う。

建設現場の様子を見に行く

リニアは、静岡県内の区間が未着工のままであることばかりがクローズアップされ、計画全体が進んでいないように錯覚してしまいそうになるが、そんなことはなく、他の区間では着々と工事が進んでいる。

神奈川県内では、橋本駅付近にリニアの駅が併設される予定で、すでに駅周辺では、掘り返された土がうず高く積み上げられ、駅前に小山が出現していた。

この橋本駅付近に併設するという案

は、既設交通との接続という観点からは極めて理想的のように思われた。橋本駅にはＪＲ横浜線、相模線、京王相模原線の三線が乗り入れており、神奈川県西部の一帯はもちろん、八王子など東京都西部からの利用も見込まれる。駅西口には開発の余地も残されており、リニアの神奈川県駅が設けられることで、街全体が大きく発展する可能性が考えられた。

愛知県内の工区でも、名古屋駅周辺で大規模な工事が進んでいるのを、新幹線の車窓から見ることができる。ここでも、プロジェクトの大きさを実感することができる。

全工区の中で一番完成された姿となっているのが、山梨県内の工区だ。なにしろ、実験線としてすでに施設が完成し、走行に供されているからだ。富士急行線と交差する付近では、空高い位置をリニアのコンクリート橋が横切っており、それを見上げたとき、決して絵に描いた夢物語ではないことを強く実感した。

神奈川県の橋本駅付近では、リニアの駅を新設する工事が進んでおり、掘り返された土がうず高く積み上げられ、小山が出現していた

次世代の夢をみんなで応援したい

リニアは、私が子供の頃から〝未来の乗り物〟として必ず図鑑に紹介されていた憧れの存在で、現在に至るまで、多くの人々の夢となってきた。

１９６４年の東京オリンピックのとき、東海道新幹線という〝未来の乗り物〟を国民が総力を挙げて応援し、見事に夢を実現した。もちろん要因はそれだけではなかったが、国民で共有できる夢だったからこそ、あのような短期間で実現に至ったという側面も大きかったのではないだろうか。

翻って、なぜ、リニアはこんなに難航しているのかという「謎」を考えたとき、そこには、沿線に対するリスペクトが十分であるかといった課題も、一つの解として浮かび上がってくるような気がしている。これは実際に静岡県民にも尋ね、賛意を得たことであるので、大きくは外していないはずだ。

橋梁やトンネルの一部がここまで完成しているのであるから、これらの施設がその本領を発揮するためにも、ここからは責任ある立場の大人たちに知恵を出し合っていただき、沿線へのリスペクトも十分に伝わる形を実現していただきながら、国民みんなで共有できる夢を前進させていただきたいと願うばかりだ。

なぜ、阪急電鉄は「なにわ筋線」への乗り入れをめざすのか？（大阪府）

関西私鉄の雄、阪急電鉄（以下、阪急）は、大阪の梅田を拠点に、神戸、宝塚、京都の広い範囲にネットワークを持っている。私自身も中学から高校にかけての六年間、通学でお世話になったとても愛着のある私鉄である。

その阪急が、「なにわ筋線」への乗り入れをめざすことが報道された。なにわ筋線は、大阪の都心部を南北に貫き、大阪駅とJR難波駅、南海電鉄（以下、南海）の新今宮駅をつなぐ新線で、2031年の開業をめざして工事が進められている。

阪急のテリトリーが拡大するのは夢のあることであるが、ひとつ気がかりな点は、阪急となにわ筋線では、軌間が異なっていることだ。阪急では、専用の車両を新造し、連絡線も新設して乗り入れる計画であるという。自社がこれまで培ってきたネットワークとは直通ができないこの事業に、なぜ、乗り出すことにしたのであろうか。

なにわ筋線とは？

なにわ筋線は、関西高速鉄道株式会社が整備主体となって建設を進めている、建設延長約七・二キロの鉄道である。このうち六・五キロが地下区間で、ほかに堀割・盛土が〇・三キロ、高架が〇・四キロとなっている。

大阪〜西本町（仮称）間が共同営業区間で、西本町（仮称）〜JR難波間がJR営業区間、西本町（仮称）〜新今宮間が南海営業区間となる予定だ。途中駅として、中之島駅、西本町駅、南海新難波駅（いずれも仮称）が設けられる計画となっており、輸送需要は一日あたり約二十四万人、総事業費は約三三〇〇億円が見込まれている。

なにわ筋線の強みは、北側で「梅田貨物線」に接続して、新大阪駅まで直通できることで、すでにこの区間は開業済みだ。そして南側では、JR西日本と南海にそれぞれ接続して、関西空港まで直通できることだ。

阪急では、なにわ筋線と大阪駅で接続する、全長約二・五キロの「なにわ筋連絡線」を十三駅まで建設する計画で、さらにその先で十三〜新大阪間に全長約二・一キロの「新大阪連絡線」を建設することを計画している。

なにわ筋線は、大阪の都心部を南北に貫く約7.2キロの鉄道新線で、中之島駅（仮称）の付近では工事もたけなわの状態だった

阪急にとってのメリットとは？

阪急にとって、なにわ筋連絡線を建設することのメリットは、神戸、宝塚、京都の三方面の結節点である十三駅と、なにわ筋線を直結することで、大阪の「ミナミ」の中心地である難波を経由して、関西空港への直通が可能となることだ。

阪急では、すでに天神橋筋六丁目駅で接続する地下鉄堺筋線に京都本線、千里線から直通で乗り入れており、大阪のミナミへのルートは確保している。しかし、神戸、宝塚方面からミナミへの独自ルートは持っていなかった。

なにわ筋連絡線が完成すれば、阪急の広いネットワークで集まった乗客を、独自ルートでミナミ、そして関西空港へ誘導することができ、十三駅のターミナルとしての価値をより高めることができる。なぜ、阪急がなにわ筋線への乗り入れをめざすのかという「謎」の一つ目の解がこれであろう。

見逃せない新大阪連絡線の存在

もう一つの解と思われるのが、なにわ筋連絡線と一体的に検討が行われている、新大阪連絡線の存在だ。阪急にとって、新大阪駅との直結は長年の悲願で、事業免許の取得は1961年にまでさかのぼり、新大阪駅から阪急宝塚線に接続する地点までの用地買収も行っていた。当時の国鉄も、新大阪連絡線の建設を見越して、東海道・山陽新幹線の橋脚を斜めに設置したほどだ。

しかし、新大阪連絡線の計画は一向に進展せず、2002年には新大阪〜淡路間と神崎川〜新大阪間の免許廃止申請を提出し、せっかく買収した用地も十三駅側の一部を手放してしまった。

それでも、十三〜新大阪間の免許だけは六〇年以上にわたって維持されてきた。今回、なにわ筋線の本体がいよいよ工事の実施段階まで進んだことから、なにわ筋連絡線と一体的に検討することで、新大阪連絡線のほうも実現する千載一遇のチャンスとなったわけだ。実際、それぞれを単独で整備するよりも、同時に整備を行ったほうが、黒字化が早まるとの試算もあり、一体的な検討を後押しする要因ともなっている。阪急にとっては、むしろ新大阪連絡線の計画が進展する可能性が高まることにこそ、より大きな魅力があるのかもしれない。

新大阪駅への直結は、阪急にとって60年来の悲願であり、なにわ筋連絡線の計画推進が、新大阪連絡線の前進に繋がることも魅力だ

新大阪駅で阪急が選ばれるか？

阪急にとっては長年の悲願である新大阪駅への乗り入れであるが、では、それが実現したとして、新大阪駅に降り立った人たちに、阪急は選んでもらえる存在となるのだろうか。先に私見を述べておくと、なかなか厳しいのではないかという気がしている。

最大の理由は、新大阪駅には、なにわ筋線に直通する、「関空快速」も乗り入れて来るからだ。関空快速などを運行するのはＪＲ西日本であり、ＪＲ京都線に乗って新大阪駅に到着した乗客は、改札を出ることなく、関空快速などに乗り換えをすることができる。東海道・山陽新幹線に乗って到着した乗客も、短い移動距離で乗り換えをすることが可能だ。

もし、阪急に乗り換えようとすると、改札を一度出なければならず、改札を出ることで、初乗り運賃も再度徴収されることになる。しかも、阪急のホームは地下に検討されている模様で、移動距離が長くなる点でも不利だ。

もちろん、勝算がゼロという意味ではない。たとえば新大阪駅から関西空港まで乗り通したときの運賃が、ＪＲ線を経由するよりも大幅に安ければ、積極的に阪急が選ばれる理由となる。関西空港への直通列車は、南海も運行する予定となっており、あとは阪急と南海のコラボによって、どれだけ魅力的な料金体系を打ち出せるかにかかっていると言える。

新大阪駅に乗り入れている、もう一つの路線である地下鉄御堂筋線は、阪急の新大阪駅との乗り換えの距離が短くなることが予想され、こちらは若干有利に働くかもしれない。

一体的な整備で真価を発揮？

では、新大阪駅へ向かう場合はどうであろうか。たとえば、東側の大阪府高槻市から新大阪駅に向かう場合、ＪＲ京都線の高槻駅からと、阪急京都本線の高槻市駅からの二つの選択肢ができることになる。ＪＲ京都線の新快速の場合、乗り換えなしの一〇分で行くことができる。対する阪急京都本線は、特急に乗車しても、十三駅までで十八分を要し、そこから新大阪連絡線に乗り換えて、ようやく新大阪駅に到着する。所要時間はＪＲ京都線の倍を超えることになるであろう。

阪急京都本線と千里線は、すでに地下鉄堺筋線に直通で乗り入れているが、なにわ筋連絡線ができれば新たな南北軸が構築できる

　では、西側からではどうか。兵庫県神戸市から新大阪駅に向かう場合、JR神戸線の三ノ宮駅からと、阪急神戸本線の神戸三宮駅からの二つの選択肢ができることになる。JR神戸線の新快速の場合、乗り換えなしの二十七分で行くことができる。対する阪急神戸本線は、特急に乗車すると、十三駅まで二十三分で行くことができ、新大阪連絡線の乗車時間を加えても、ほぼ互角ぐらいの所要時間で収まる。しかし、乗り換えの手間がかかる分だけ不利になる。

　これらのことから考えると、新大阪連絡線を単独で整備しても採算面で不安な要素が多く、なにわ筋連絡線と一体的に整備をしてこそ、その真価を発揮することになりそうだ。

四つ橋線との直通案はどうなった？

　なにわ筋線への乗り入れが取り沙汰される前は、「西梅田・十三連絡線」の計画が議論の中心となってきた。この計画は、西梅田駅が終点となっている地下鉄四つ橋線を十三駅まで延伸して、阪急神戸本線と相互乗り入れを実現しようというものであった。

　この計画の最大の利点は、両者で軌間が一致していることで、集電方式こそ異なっているものの、集電方式の違いについては、すでに地下鉄中央線と近鉄けいはんな線の相互乗り入れの際に技術面はクリア済みだった。

　大阪と神戸の間では、三つの鉄道路線でしのぎを削っているが、大阪の都心を南北に貫いて直通している路線はまだなく、西梅田・十三連絡線が開業すれば、それが実現するはずだった。地下鉄四つ橋線にとっても、都心部分で地下鉄御堂筋線とほぼ並行しているうえに、西梅田駅で行き止まりとなっていることで、その発展性には限りがあったが、神戸方面への直通が実現することで、大きく躍進できる可能性を秘めていた。

　ただ、西梅田駅の先の地下には、ほぼ同じ深さで阪神電鉄の線路が横切っており、その下をくぐるとなると、相当な難工事となることが予想された。

　阪急にとっては、四つ橋線であっても、なにわ筋線であっても、ミナミへのアプローチを手にする点では変わりはないが、その先で関西空港に直結する発展性を考えると、なにわ筋線に軍配が上がるのは自然なことであった。

以前は「西梅田・十三連絡線」に主眼が置かれていたが、阪急にとっては、なにわ筋連絡線のほうに発展の可能性が見出されたのであろう

なぜ、山陽新幹線「厚狭駅」は開業までに時間が掛かったのか？（山口県）

山陽新幹線の「こだま」が新山口駅を発車すると、次の停車駅は「厚狭駅」だ。山陽本線、美祢線との接続駅で、新幹線ホームも狙ったようにピタリと在来線ホームに横付けされている。あたかも開業当初から、ここに新幹線ホームが設置されていたかのような雰囲気であるが、厚狭駅に新幹線ホームが設置されたのは1999年のことで、山陽新幹線が全通した1975年から数えると、実に二十四年もの歳月が経っていた。

なぜ、山陽新幹線の厚狭駅が開業するまで、こんなにも時間が掛かったのだろうか？

妥当に見える新幹線接続駅だが…

時刻表の路線図を見ていると、在来線への乗り換えにも便利そうな立地であるし、山口県山陽小野田市にとっては唯一の新幹線接続駅であるから、新幹線ホームの設置は妥当のように思える。しかし、現地に降り立ってみると、やや印象が変わってきた。駅前が寂しいのだ。駅の正面にはビジネスホテル、飲食店、商店などが何軒か見られたが、新幹線口のほうには広いロータリーにマンションが一棟と、薬局が一軒あるぐらいで、ほかに商業施設らしきものは目に入らなかった。

市街地の規模も小さく、少し行けば家並みが途切れて田園地帯に出てしまう状況だった。

厚狭駅は旧山陽町エリアに所在

厚狭駅の現在の所在地は山陽小野田市だが、同市は2005年に山陽町と小野田市が合併して誕生しており、厚狭駅が所在するのは旧山陽町エリアのほうだった。旧山陽町エリアの当時の人口はおよそ二〇、〇〇〇人であったのに対し、山を隔てた南側に位置していた旧小野田市エリアの当時の人口がおよそ四五、〇〇〇人で、人口規模では倍以上の開きがあった。

新幹線接続駅の駅前にしては寂しいと感じられたのも、そのあたりの事情が影響しているらしかった。

厚狭駅は新幹線ホームと在来線ホームがピタリと隣接し、開業当初からこの姿であったかのように錯覚してしまいそうである

新山口駅での乗り換えが便利？

山陽小野田市にとってのもう一つの

玄関口である山陽本線の「小野田駅」に行く場合、東京・大阪方面からだと、新幹線で厚狭駅まで行って在来線に乗り換える方法と、一つ手前の新山口駅で在来線に乗り換える方法とがある。

東京都内を午前10時台に出発する場合を想定してみた。午前10時12分に東京駅を発車する「のぞみ23号」に乗車すると、新山口駅に午後2時33分に到着、「こだま８４９号」に乗り換えて午後2時58分に新山口駅を発車すると、厚狭駅への到着は午後3時7分となる。ところが、厚狭駅での在来線の接続が、午後4時7分に発車する岩国行きまでなく、小野田駅への到着は午後4時12分となる。所要時間は六時間ちょうど、乗車券と特急券の合計額は二一、〇〇〇円だった。

これに対して、在来線への乗り換えを新山口駅で行うことにすると、新山口駅を午後3時3分に発車する下関行きがあり、これに乗車すると小野田駅に午後3時31分に到着する。所要時間は五時間十九分、乗車券と特急券の合計額は二〇、八〇〇円だ。日中は厚狭駅に発着する在来線の本数が少ないため、このように新山口駅で乗り換えたほうが、小野田駅に四〇分以上早く着き、運賃も二〇〇円安くなるのだった。

西からだと厚狭駅が有利

では、小野田駅へ西の方から行く場合だとどうであろうか。福岡県内を午前10時台に出発する場合を想定してみた。

午前10時52分に博多駅を発車する「こだま８５０号」に乗車すると、厚狭駅には午前11時33分に到着、12時12分発の山陽本線の岩国行きに乗り換えると、小野田駅には12時17分に到着する。乗車券と特急券の合計額は四八四〇円だ。

同じ「こだま８５０号」に乗車した場合で、降車駅を厚狭駅から新山口駅に変更した場合だと、新山口駅への到着は午前11時45分となる。12時5分に発車する山陽本線の下関行きに乗り換えると、小野田駅には12時33分に到着する。乗車券と特急券の合計額は六〇一〇円だ。

東京・大阪方面から小野田駅に行く場合だと、厚狭駅よりも新山口駅で乗り換えたほうが有利になるケースがあったが、九州方面からだと、厚狭駅のほうが有利になるケースがあった。

せっかく設置された厚狭駅であるが、東京・大阪方面から小野田駅に行く場合だと、新山口駅で乗り換えたほうが便利な場合もある

ただ、九州方面から山陽本線の各駅への移動で、厚狭駅での乗り換えのほうが有利になるケースは、あまり多くはないようだった。

博多駅を午前10時52分に発車する「こだま850号」に乗車した場合で、厚狭駅のすぐ西隣の埴生駅が目的地の場合でも、乗り換え案内アプリが勧めるのは新下関駅で降車するルートだった。その場合、新下関駅に午前11時21分に到着ののち、午前11時47分に発車する山陽本線の岩国行きに乗り換えて、埴生駅には12時04分に到着する。乗車券と特急券の合計額は四〇七〇円だ。

アプリでは、この時間帯では厚狭駅を経由するルートが表示されていなかったが、厚狭駅には午前11時33分に到着するので、JR西日本の公式サイトに表示された厚狭駅における新幹線と山陽本線の乗り換え標準時分の五分で乗り継ぎができたとすると、厚狭駅を午前11時39分に発車する山陽本線の下関行きに間に合うので、この列車に乗車すれば埴生駅には午前11時46分に到着する。新下関駅で新幹線から在来線に乗り継ぐよりも、このほうが早く埴生駅に到着できるが、厚狭駅での乗り継ぎ時間にほとんど余裕がなく、乗車券と特急券の合計額が五〇四〇円となり、新下関駅で乗り継ぐよりも九七〇円も高くなってしまう点で不利となる。

美祢線との接続が重要なのだが…

新幹線接続駅としての厚狭駅の存在価値をもっとも高めているのが、美祢線の存在だ。沿線にはおよそ二一、〇〇〇人の人口を擁する美祢市と、およそ三〇、〇〇〇人を擁する長門市があり、美祢市は秋吉台や秋芳洞への玄関口、長門市は海上アルプスと呼ばれる青海島への玄関口となっている。美祢線は学生の足としても、観光客の足としても重要な存在となっている。

しかし、2023年夏の豪雨により、四郎ケ原駅～南大嶺駅間の第六厚狭川橋梁が崩落し、そのほか盛り土流失や橋梁変状、電気設備の損壊など、計八〇箇所で被害があり、現在もバスやタクシーによる代行輸送が続いている。

美祢線は2010年にも豪雨により大規模な被害を受けており、厚狭川全体の河川改修を検討する必要があるとして、現在もまだ復旧のめどは立っていない。

美祢線は2023年の豪雨で橋梁が崩落するなどの被害を受けた。まだ復旧はされておらず、バスやタクシーによる代行輸送が続いている

列車が運行されていた当時の美祢線は、厚狭駅〜長門市駅間がおよそ一時間であったが、代行バスでは二〇分ほど所要時間が伸びている。せっかく新幹線で厚狭駅に到着しても、列車が運休しているというイメージダウンは避けられず、その影響は小さくない。

新幹線ホームはなぜ設置できた？

前述のとおりで、山陽新幹線が全通した1975年の当時には、厚狭駅に新幹線ホームは設置されず、実際に設置されたのは1999年だった。

では、山陽新幹線が全通してから二十四年もの間、厚狭駅に新幹線ホームが設置されていなかったのに、なぜ、このタイミングで新幹線ホームが設置されたのであろうか。

大きな要因となったのは、長年にわたる地元の熱意だった。1975年には、四市八町で構成される「山陽新幹線厚狭駅設置期成同盟会」が早くも結成され、息の長い推進活動が継続されてきた。そして1993年にはJR西日本との間で「新駅設置に関する基本協定」が締結され、1996年に起工されたのだった。事業費の九十一億円は、山口県と山陽小野田市、周辺市町村からの支出や寄付によって賄われた。

「のぞみ」の退避駅という役割

もう一つ、地元の熱意と並んで重要だったのが、「のぞみ」の退避駅としての役割だった。厚狭駅が起工された当時は、航空各社の値下げに対抗するため、新幹線の速達化に向けた取り組みの真っ最中であったのだ。

厚狭駅が設置される以前は、小郡駅（現・新山口駅）を出ると、次の新下関駅まで六十一・七キロの距離があった。厚狭駅ができたことで、小郡駅から厚狭駅までの距離が三十五・一キロ、厚狭駅から新下関駅までの距離が二十六・六キロとなった。2003年10月1日に小郡駅が新山口駅と改称され、「のぞみ」の停車が実現したのも、厚狭駅のおかげという一面もあったとされる。

なぜ、厚狭駅は開業までに時間が掛かったのかという「謎」の解は、山陽新幹線が開業した当時は、利用が見込まれず駅が設置されなかったところを、息の長い推進活動と、山陽新幹線の速達化に貢献できるという二つの側面から、二十四年越しにこれを覆し、駅の設置を勝ち取ったところにあった。

厚狭駅が実現したのは、息の長い活動を続けた地元と、山陽新幹線の速達化を実現したい鉄道事業者の想いが一致したことが大きかった

なぜ、「ゆいレール」は急カーブと急勾配の連続になったのか？（沖縄県）

「ゆいレール」は、2003年8月10日に那覇空港駅〜首里駅間の十二・九キロで開業した沖縄都市モノレールの愛称で、沖縄ではおよそ六〇年ぶりの鉄軌道の復活となった。2019年10月1日には首里駅〜てだこ浦西駅間で延伸開業が実現し、全長は十七・〇キロとなった。

ゆいレールは、日本最南端を走る鉄道として知られるとともに、急カーブと急勾配が連続していることでも知られている。実際、先頭車両に乗って前方を注視していると、ほぼ直角に曲がる急カーブや、ジェットコースターを思わせるアップダウンに驚かされることになる。なぜ、ゆいレールはこれほどまでに、急カーブと急勾配の連続になったのであろうか。

急カーブが多い理由は？

ゆいレールのルートを地図で見てみると、まるでアルファベットの「S」と「M」を繋ぎ合わせたような、曲がりくねった形をしている。このような形になった理由はシンプルで、ゆいレールのルートを、多くの部分で既存の道路に沿わせて設定したからだった。

ゆいレールはそもそも、那覇周辺で深刻化していた道路の混雑を緩和する目的で計画が立ち上げられた。

沖縄にも、戦前には「ケイビン」や「ケービン」の愛称で親しまれた沖縄県営鉄道が走っていた。しかし、終戦後に沖縄を統治したアメリカ軍によって道路整備が強力に推し進められ、鉄道が復旧されることはなかった。この結果、沖縄本島では公共交通としてバスの路線網が発達し、とりわけ中南部では、バスの路線図だけで沖縄本島の形が描けるほどになった。

いっぽう、この地域に人も産業も集中した結果、周辺道路の渋滞が慢性化し、バスの定時運行も難しい状態が続くようになった。

そこで、1972年の本土復帰後に、都市モノレールを整備する検討が始められた。すでに過密状態となっている那覇周辺に、新たに鉄軌道を敷けるだけの用地は残っておらず、ほぼ唯一の選択肢となったのが、道路上の空間を利用できる都市モノレールだった。

ゆいレールは急カーブが多いことで知られるが、道路上の空間を利用して、市街地を縫うようにルートが設定されたことが大きかった

急カーブの許容で繁華街を総なめ

モノレールの特性により、ルート上に急カーブが存在することを許容されたことで、ルート選択の自由度が大幅にアップし、前述のとおりアルファベットの「S」と「M」を繋ぎ合わせたような線形になったわけだが、ルート選択の自由度の高さという点は、那覇空港駅を出発した直後から実感される。

国道３３２号線を南下して、「安次嶺」交差点まで来ると、ここで急カーブを描いて右折してゆくのだ。ちなみに、ここで左折したほうが旭橋駅へは近いのだが、ぐるりと遠回りして、利用が見込める赤嶺駅、小禄駅、奥武山公園駅、壺川駅を経由して旭橋駅に向かう。これも自由度の高さゆえだ。

旭橋駅からは県内随一の繁華街である久茂地、牧志エリアを総なめにしてゆき、国際通りの直上に位置する牧志駅からは、「V」の字を描くように鋭くターンして安里駅に至る。

旭橋駅から県庁前駅、美栄橋駅、牧志駅にかけては県内随一の繁華街を総なめにしてゆき、ゆいレールの利用価値を大きく引き上げている

おもろまち駅周辺は、元はアメリカ軍に強制接収された用地だったが、１９８７年に返還されたという経緯を持ち、近年は再開発が進んでいる商業地域だ。マンションや商業施設が建ち並び、日本国内では唯一の免税商業施設「DFSギャラリア・沖縄」も立地している。

古島駅の先で直角のカーブを曲がり、市民病院前駅から儀保駅、首里駅にかけては低層のビルや住宅が並ぶ。

首里駅の先では、再び「V」の字を描くカーブを曲がる。石嶺駅から経塚駅にかけての区間では、低い家々の屋根の上を、ゆいレールがトコトコと往来する光景が見られる。

浦添前田駅の手前で直角の急カーブを曲がり、沖縄自動車道の西側で行き止まりとなる。そこが終点のてだこ浦西駅だった。一見すると気ままに進んでいるように見えるルートであったが、実はしっかりと集客できるポイントを押さえながら巡っていたのだった。

急勾配が多い理由は？

ゆいレールのもう一つの特徴は急勾配が多いことで、儀保駅〜首里駅間の六〇パーミルを筆頭に、沿線のあちこちにダイナミックなアップダウンがある。もちろんこれも、既存の道路に沿わせた結果ではあったのだが、そもそも、なぜ、道路にこれほどのアップダウンがあるのだろうか。

その理由は土地の成り立ちにあり、沖縄本島の中南部は、サンゴ礁に由来する「琉球石灰岩」からなっているからだった。険しい山地とは違って、なだらかな台形状の地形が不均等に広がっているため、市街地はその地形ごと呑み込むように広がってゆき、道路もそれらの丘を避けずに縦横に伸びていったのだった。

ゆいレールを建設する際、もしアップダウンが小規模なものであったなら、橋脚の脚長を調整することで、ある程度までなら吸収できたかもしれないが、現実にはそれを超えるものだった。

なぜ、ゆいレールは急カーブと急勾配の連続になったのかという「謎」の解は、道路上の空間に建設したという成り立ちと、集客ポイントを丁寧に総なめにしたルート選定、そして沖縄特有のサンゴ礁に由来する起伏に富んだ地形にあった。

難所を特殊工法のトンネルで克服

ゆいレールでは車両にゴムタイヤが採用されているため、鉄の車輪で鉄のレールの上を走る車両に比べ、はるかに勾配には強い。そのおかげで、市街地から近郊にかけてのあらゆるアップダウンを乗り切ってきた。それでも、さすがにケーブルカーのような登坂をやってのけることはできなかった。

ゆいレールのルート上で最大級の難所となったのが、浦添前田駅〜てだこ浦西駅間で、この区間の高低差は四〇メートルにも及び、そのままではモノレールを建設することは不可能だった。

しかも、ここに立ちはだかるのは硬い琉球石灰石の丘で、大規模に開削することは難しく、しかも第二次世界大戦中の不発弾が多数埋没している地域でもあるため、その点からも開削する区間を短縮することが求められた。

そこで、この区間にはトンネルが掘削されることになったのだが、一部で採用されたのが、硬い岩盤を掘削するのに適した「新オーストリアトンネル工法」だった。この工法は、岩盤にロックボルトを深くまで打ち込むことで一体化させ、トンネルを保持するもので、上越新幹線の中山トンネルをはじめ、北陸新幹線の碓氷峠トンネルなど、国内の多くのトンネルで採用実績があった。この工法のおかげで、ゆいレールは難所を克服して、てだこ浦西駅までの開通を果たしたのだった。

ゆいレールのルート上に立ちはだかった硬い琉球石灰石の丘を、新オーストリアトンネル工法を採り入れることにより無事に克服した

三両編成でパワーアップ

ゆいレールで使用されているのは「1000形」と呼ばれる車両で、これまでは二両編成で運用され、一編成に出力一〇〇キロワットの主電動機を六個搭載している。そして2023年8月10日からは三両編成が登場、一編成当たりの出力が合計一〇〇〇キロワットにまでパワーアップされた。今後も三両編成を増やす予定で、新造する四編成と合わせ、九編成となる見込みだ。

他のモノレールと比較してみると、東京都東大和市の上北台駅と同多摩市の多摩センター駅を結ぶ「多摩都市モノレール」で活躍している1000形の場合、四両編成で編成出力が一二六〇キロワットとなっており、一両当たりで換算すると三一五キロワットということになる。ゆいレールの1000形は、二両編成だと編成出力が六〇〇キロワットであるが、前述のとおり三両編成だと一〇〇〇キロワットとなっており、多摩都市モノレールの1000形を上回るほどの出力ということになる。

当初は定着するか心配された

ゆいレールが開業する以前には、〝クルマ社会〟の沖縄で、果たしてモノレールが受け入れられるのか不安視する声も上がっていたが、幸いにも市民の間ですっかり定着したようだ。

2019年に開業した「てだこ浦西駅」には、パーク＆モノライドが併設されたほか、駅から徒歩五分の沖縄自動車道の幸地バス停で、高速バスとの乗り継ぎができるようになり、ゆいレールがこれまで以上に市民に定着するきっかけともなっている。

那覇空港に直結している利便性で、観光客にも広く利用されることになったのも大きかった。2020年3月10日には、全国相互利用交通系ICカードが運賃支払いに利用できるようになり、交通系ICカードを使い慣れている乗客への利便性の向上と、券売機の混雑解消が図られた。こうした地道な積み重ねにより、2023年12月4日には乗客の累計が三億人を突破した。

てだこ浦西駅にはパーク＆モノライドが併設されたほか、沖縄自動車道を走る高速バスとの乗り継ぎが可能となるように整備された

主要道路の上を走るメリット

私は仕事の関係で、一箇月ほど沖縄県内のマンションで暮らしたが、クルマで通勤しているとき、市内でたびた

び渋滞に巻き込まれた。そんなノロノロで進んでいる頭上を、ゆいレールがスイスイと軽やかに追い越してゆくシーンを何度も目にした。

ゆいレールが主要道路の上空を通過しているため、その姿が目に留まる機会が意外と多く、〝クルマが一番〟と決めこんでいるドライバーたちにも、ゆいレールの定時性と快適性をしっかりとアピールしながら走っているように見えた。全面広告を施している車両も多かったが、広告効果としても高いものがあるに違いない。

街にリズムを与えている？

滞在していたマンションが少し高い丘の上にあったため、ゆいレールが石嶺駅と経塚駅の間を往き来する光景を日常的に見ることが出来た。

じっと動かない家々が密集する光景の中で、ゆいレールだけが一定の時間ごとに通過していくシーンは、動かない文字盤の上を、時計の針だけが動いていくのと似ているように感じられて、街にリズムを与えている気がした。

利用者の累計も三億人を突破するなど、鉄軌道が沖縄で再び受け入れられ、すっかり街に溶け込んでいる様子は、見ていてとても嬉しいものだった。

延伸構想の今後の見通しは？

ゆいレールには、四方面五ルートの延伸構想があり、２０１８年と２０２２年の二回、沖縄県交通政策課が輸送需要や採算性の調査を行い、その結果が公表されている。

四方面五ルートとは、豊見城～糸満（八・九キロ）、那覇～与那原（九・九キロ）、那覇～南風原～首里（六・五キロ）、てだこ浦西駅～西原（五・五キロ）、てだこ浦西駅～中城（三・六キロ）のことであるが、二回の調査では、五ルートのすべてで赤字が予測されるという厳しい内容となった。

このため、モノレールの延伸だけに固執せず、県交通政策課では「今後関係市町村や各圏域と連携して議論を深め、モノレールの延伸以外に、バス高速輸送システム（ＢＲＴ）や次世代型路面電車（ＬＲＴ）の導入も視野に、フィーダー交通の整備について引き続き検討を進める」としている。

急カーブと急勾配が多いゆいレールであるが、さらにそれが増えるかどうかは、今後の検討次第のようだ。

ゆいレールの強みは那覇空港に直結していることで、観光客にも広く利用された結果、2023年12月には乗客が累計で3億人を突破した

第三章

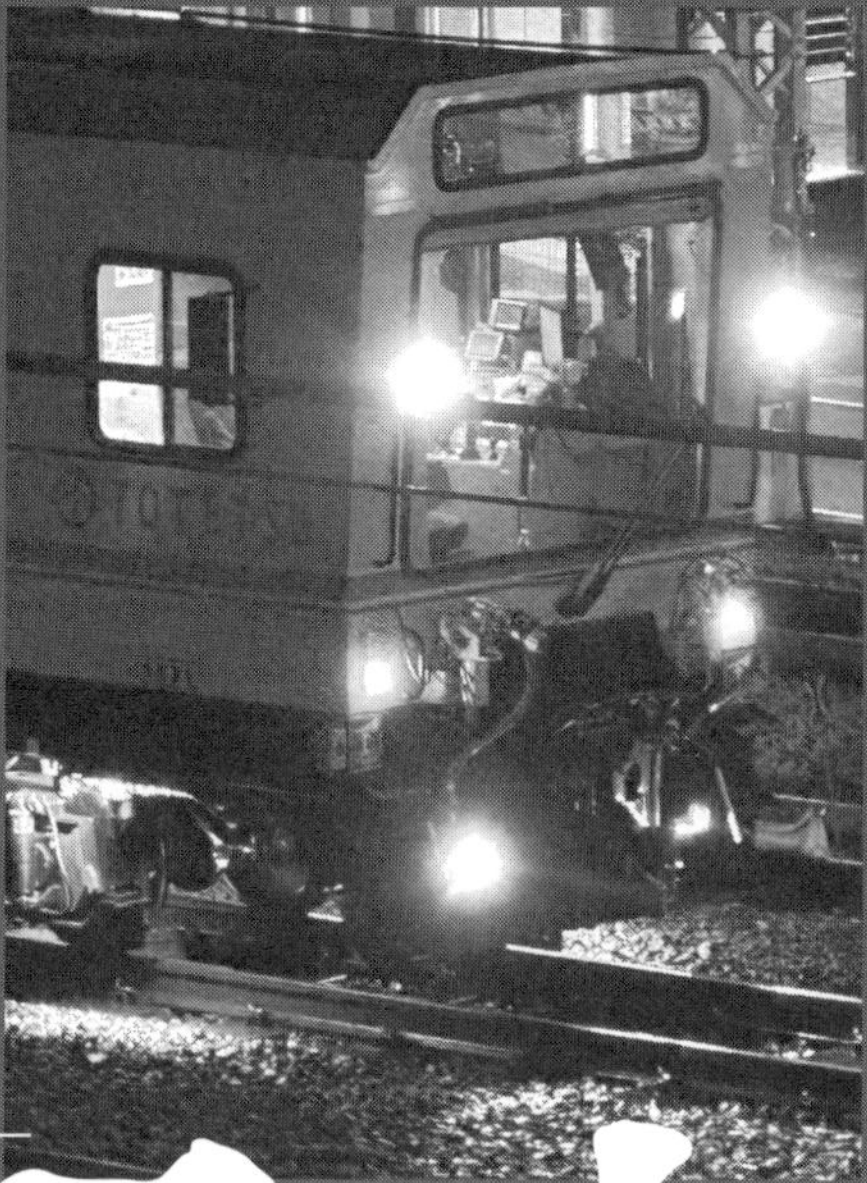

「謎」の車両に肉薄する

なぜ、苗穂工場に「ワキ8000形」が留置されていたのか？（北海道）

北海道札幌市の苗穂駅は、札幌駅のすぐ東隣に位置し、駅の周辺では続々と高層のマンションが建てられている。そんな苗穂駅の北東側には、大規模な敷地を持つJR北海道の苗穂工場が広がっている。

苗穂工場の歴史は古く、前身の鉄道院札幌工場が開設されたのは1909年のことであり、一二〇年近い歴史を誇っている。現在でも道内で活躍するさまざまな鉄道車両のメンテナンスを手掛けている。

そんな苗穂工場の一角に、謎の車両がずっと居ると話題になったことがあった。その謎の車両とは、「ワキ8592」のことで、苗穂工場には三〇年以上も存在し続けていたと思われるが、五年ほど前についに姿を消した。このワキ8592は、いったいどんな点が謎で、なぜ存在していたのであろうか。

ワキ8000形とは？

ワキ8000形とは、戦前から続けられてきた鉄道小荷物の輸送を近代化するために製造された車両で、それまでの積み下ろしは、一個単位の手作業で行われていたものを、現代の物流業界でも使われている「カゴ台車」のような姿の「B形パレット」に積み合わせて、パレットごと積み下ろしをするスタイルへと進化させた車両だった。ちなみに「A形パレット」は新聞輸送用で、B形よりも奥行が三〇センチほど長く、高さは二〇センチほど低く抑えられているものだった。

こうしたパレット輸送用の荷物車としては、「スニ40形」や、車体を延長した「マニ44形」なども製造されたが、ワキ8000形はさらに、荷物輸送だけでなく貨物輸送にも使えるタイプとして開発された。外観は完全に貨車のような姿をしていたが、晩年は貨車として使われることはなく、もっぱら荷物輸送に使われていた。

苗穂工場に30年以上も存在していたワキ8000形。もともとは荷物輸送と貨物輸送のどちらにも使える車両として開発されたタイプだった

一つ目の謎は、なぜ「広島」？

ワキ8592に関する一つ目の謎は、車体に大きく標記された「広」の文字だった。これは国鉄時代の広島鉄道管理局を意味する文字で、車両に常備駅が指定されている場合には、その駅名

とともに、鉄道管理局の略号が標記される規定になっていた。北海道で見られた略号は、北海道総局本局（旧札幌鉄道管理局）の「札」か、旭川鉄道管理局の「旭」、あるいは釧路鉄道管理局の「釧」が中心で、「広」という略号は、やや場違いな感じがあった。

　もっとも、本州と北海道の間で荷物列車が運行されていた当時は、さまざまな鉄道管理局の車両が渡道していたので、「広」の略号を付けた車両が北海道にいたとしても、それで直ちに不自然ということにはならなかった。

　ただ、1986年11月のダイヤ改正で荷物列車が廃止され、翌年には国鉄分割民営化が実施され、それでもなお、「広」の略号を付けたワキ8592が苗穂工場に留まり続けたことは、さすがに何か事情があったことが察せられた。

　そのあたりの事情は公式な見解がなく、私も取材に伺ったときに職員の方から小耳に挟んだ程度の情報しか持ち合わせていないが、ワキ8592は荷物列車が廃止される直前に道内で不具合を起こし、広島まで帰還できずに苗穂工場に取り残されたというのが真相らしかった。

二つ目の謎は「車番が二つ」？

　ワキ8592に関する二つ目の謎は、車体に標記されている車番の下に、うっすらと別の車番が透けて見えていることだった。その車番は「ワキ8763」と読み取ることができた。「広島鉄道管理局」と「下関」を示す「広セキ」の標記の下にも、「東京北鉄道管理局」と「隅田川」を示す「北スミ」の標記もかすかに見られた。なぜ、同一車体に二つの車番が標記されていたのだろうか。

　それは、ワキ8592の少し複雑な経歴に由来していた。ワキ8000形として登場したときの車番はワキ8763であったが、電気暖房の引き通しの改造が行われた際に、ワキ8592に改番されたのだった。さらに言えば、新製当初はワキ8000形ですらなかったのだ。

　ワキ8000形は、全部で一〇四両が登場したが、そのうち新製車は半分以下の四十五両だけで、あとの五十九両は「ワキ10000形」からの改造車だったのだ。ワキ8592も、その改造車のうちの一両だった。

ワキ8592の車番の下には、うっすらと「ワキ8763」と読み取れる標記も見られ、これまでの経歴が透見されるのも特徴だった（許可を得て撮影）

カゴ台車の積載という可能性

ワキ8000形は前述のとおり、現在でも物流業界で広く使われるカゴ台車と同タイプのB形パレットを効率的に積載できるよう設計されていた。

苗穂工場のワキ8592は、もう姿を見られないが、それでも、とても示唆に富んだヒントを残してくれた。

それは、利用低迷で採算性が下がっているローカル線で、車両の空きスペースを活用してカゴ台車を積載したり、場合によってはワキ8000形のような専用車両を増結してカゴ台車を積載したりすることで、増収に結び付けられる可能性があるというヒントだ。

北海道の道東地区を例に考えてみると、釧路駅と網走駅の間の一六九・一キロを、釧網本線の普通列車は三時間ちょっとで結んでいる。運賃は四〇七〇円だ。

物流業界におけるカゴ台車一台あたりの運賃を調べてみると、例えばヤマト運輸の「JITBOXチャーター便」では、道東地域内発着で鉄製のボックス一個当たりが一四、三〇〇円となっている。普通列車の空きスペースを活用して、カゴ台車も一緒に運べば、カゴ台車一台で乗客約三人分の運賃が入ってくる計算となり、有力な増収策となりうる。もし利用が伸びてくれば、専用車両の増結も視野に入ってくる。

「客貨混載」はすでに実現例も

ヤマト運輸と鉄道事業者がタッグを組んだ「客貨混載」は、すでに岐阜県の長良川鉄道で実現しており、同鉄道の関駅と、美並苅安駅との間で、2018年から本格運用が行われている。

この実現により、セールスドライバーの一日の走行距離が約二十四キロ削減され、約二時間の時間削減や労働環境の改善、環境負荷の軽減などの効果が見られたという。

物流業界における担い手の不足は深刻化しており、利用低迷に喘ぐローカル線と手を組むことは、双方にとってメリットがあると思われる。

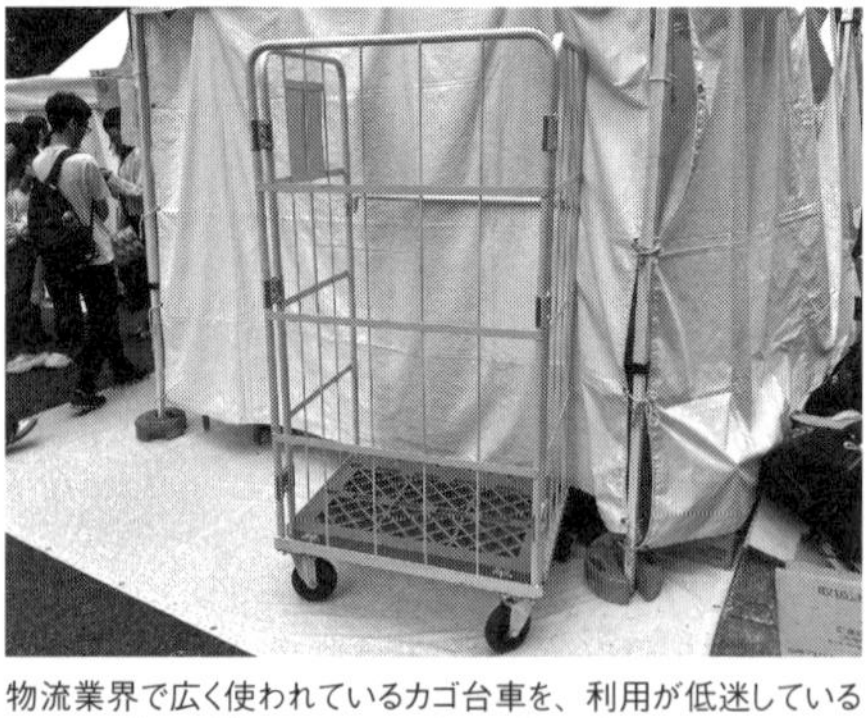
物流業界で広く使われているカゴ台車を、利用が低迷しているローカル線で列車に積載すれば、増収に結び付けられる可能性もある

バリアフリー化も後押しに

客貨混載という発想は、決して新しいものではなく、かつてのローカル線では、「オハユニ61形」のような、客室と荷物室と郵便室が合造になった客車も見られた。ただ、当時と異なるのは、

バリアフリー化が進んだことで、スロープなどの整備が進んでいることだ。それはすなわち、カゴ台車をトラックと鉄道車両との間でスムーズに行き来させることができる環境が、以前よりも整ってきていることを意味する。

「カートレイン」用の貨車の姿も

苗穂工場への取材に赴いた2012年の当時は、工場の敷地内にはワキ8592のほかに、似た姿の「ワキ10164」も存在した。ワキ8592も、元はワキ10000形であったから、外観が似ているのは当然であったが、ワキ10164のほうには、妻面に特徴的なシャッターが設けられていた。

　このシャッターは「カートレインくしろ」で運用される際に苗穂工場で取り付けられたもので、積載する乗用車が、ここから自走で貨車の中へと進入できるように改造したものだった。

　ワキ10164は、1988年に開通した青函トンネルを通って、首都圏と北海道の間を、乗用車を伴って移動することができる「カートレイン北海道」で運用を行う目的で、専用車へと改造され、「カートレイン北海道」の運行終了後の1997年に、「カートレインくしろ」で運用されるようになった。シャッターが取り付けられたのはそのあとで、大型のRVの積載が可能となるよう、積み降ろしが自走式に改められたためだった。

　ただ、シャッターが有効に活用されたのは、1998年の夏のシーズンと、それに続く年末年始、そして1999年の夏に東青森駅～白石駅間で運転された「カートレインさっぽろ」の、合わせて三シーズンだけで、それ以降は出番がないままで終わってしまった。

　日本国内におけるカートレインの運行は現在では行われていないが、青函トンネルを活用したカートレインの構想が検討された経緯もある。ワキ10164のシャッターが活用された期間は短かったが、自走式の積み降ろし方式を実証した功績は大きく、いつか別の形で実を結ぶ日も来るかもしれない。

　なぜ、苗穂工場にワキ8000形が留置されていたのかという「謎」の解は、不具合で広島に戻れなかったという偶発的なものであったようだが、カゴ台車を積むという大きなヒントを残してくれた。ヒントはいつか、ローカル線を救うことに繋がるかもしれない。

苗穂工場にはワキ8592のほかワキ10164の姿もあり（右端）、「カートレインくしろ」での運用に際して妻面に設けられたシャッターが特徴だった

なぜ、古典台車を履いた「オハフ46形」が存在しているのか？（岩手県）

　客車にとって、履いている台車の「形式」というのは非常に重要だ。もっとも大きく影響するのが走行性能で、例えば「ＴＲ11」という形式では、許容される最高速度は時速九十五キロであるが、「ＴＲ２１７」では時速一一〇キロまで許容されるといった具合だ。

　重量も、台車の形式によって大きく異なり、例えばＴＲ11では一基あたり四・五トンほどであるが、「ＴＲ47」になると、一基あたりでおよそ六トンにもなる。客車一両あたり、台車を二基履くため、合計で三トン以上も後者のほうが重くなる。ここまで重量が異なってくると、牽引する機関車の性能によっては、連結できる客車の両数にも影響が及んでくる。実は乗客にとっても無関係ではなく、台車の形式によって乗り心地も変わってくるのだ。

　このように、客車がどの形式の台車を履いているかはとても重要で、たとえ車体が同形でも、台車が違えば客車の形式も別とすることが一般的だ。

　ところが、「オハフ46　２００５」という客車は、本来はＴＲ23を履いているはずなのに、まったくあり得ない戦前製の古典台車であるＴＲ11を履いているのだ。なぜ、このような不可思議なことが起こっているのだろうか。

現在は車体も台車も美しい姿に

　オハフ46　２００５は、１９８５年に鉄道車両としての現役を引退し、現在は岩手県遠野市の民間企業の敷地内に保存されている。事前に来訪の意を伝えて外観の撮影の許可をいただき、遠野駅から歩いて現地に向かった。

　現地で対面したオハフ46　２００５は、まるでデビュー直後のように、濃い青色の車体を輝かせ、台車も艶やかな黒色に仕上げられていた。

　オハフ46　２００５は、１９５２年に川崎車輛で「スハ43　１２２」として新製され、１９６２年に履いていた台車のＴＲ47を供出、代わりに前述のＴＲ23を履いたため、総重量が軽くなり、オハ47　65へと改番された。１９６６年には車掌室や手ブレーキの取り付けを行ったため、オハフ46　２００５へと再改番、それからさらに二十年にわたって活躍を続けたのだった。

オハフ46 2005は、1952年に新製されたスハ43 122がベースとなっているが、履いている台車が戦前製のTR11という古い形式であった

上京して華やかな道を歩む

現役時代の最後を、茨城県の水戸客貨車区で過ごし、常磐線などで活躍を続けたオハフ46　2005は、1985年12月に廃車となった。

同時期に退役した客車の多くが解体されてゆく中で、オハフ46　2005の辿った道は、他とは大きく異なって華やかなものとなった。それは、上京してビアレストランになることだった。

東京都渋谷区恵比寿に当時存在したサッポロビール恵比寿工場の敷地内では、「ビアステーション恵比寿」が開設されることになり、第一陣としてオハ47　2259、スハ43　2365、オハ47　2215の三両が搬入された。先頭には電気機関車のＥＦ58　91が連結され、華を添えた。

ビアステーション恵比寿は行列もできる人気ぶりで、客車をさらに三両、追加で導入することになり、スハ43　2086、オハフ45　2204とともに、オハフ46　2005が抜擢され、このときに車端には展望車風のデッキも設けられた。

ただ、工場の移転に伴う再開発で、残念ながら三年ほどで閉店を余儀なくされた。工場などの跡地は、現在は「恵比寿ガーデンプレイス」となっている。

最晩年は車体のみが岩手県内に

ビアステーション恵比寿での役目を終えたオハフ45　2005は、その後は他の二両とともに場所を東京都文京区目白に移し、ビアステーション「目白倶楽部」として1990年9月にオープンした。ただ、こちらも再開発の影響を受けて五年ほどで閉店となり、オハフ45　2005は車体のみの姿となって岩手県一関市へと運ばれた。

それからの消息はほとんど知られることなく時が経過したが、2019年になって、アチハ株式会社の島正男さんから、「解体される事になった」というご連絡をいただいたのだった。

島さんからは、岩手県内で民間企業が何とか残そうと立ち上がられたという情報もいただいた。ただし、そのとき障害となっていたのが、台車が失われていることだった。車体だけでは建築物と認定されてしまうため、トラックの車輪を履かせることまで検討されていた。そこで始まったのが、オハフ45　2005の台車探しだった。

オハフ46 2005が岩手県一関市内に移された際、台車は失われてしまったが、修復に際して台車を探し、調達されたのが戦前の古典台車だった

旧形客車の台車探しは難航

旧形客車のほとんどが姿を消し、イベント用としてわずかに残っている客車でも部品確保に苦労している中で、客車一両に必要な二基の台車を探すことは容易ではなかった。

最初に当たったのは、いまでも現役の旧形客車を運行されている大井川鐵道だった。ただ、ご提供いただける台車というものはやはり存在しなかった。そこで、各地の保存施設で、台車だけの状態で保管されているものを当たってみることにした。

２０１９年の時点ではまだ営業中であった京都府与謝野町の「加悦ＳＬ広場」には、１９９５年に展示が開始された南海電鉄の１２０１形電車があり、予備の台車として汽車製造製の「Ｋ-16」が二基保管されていた。特に使用する予定はないとのことであったので、電車用の台車ではあったが、候補の一つとして、島さんにお渡しする資料の中に加えておいた。

私が本命視をしていたのは、１９８８年に北海道阿寒町（現・釧路市）で開設された「炭砿と鉄道館」に保管されていた「ＴＲ11」の二基だった。

「雄鶴駅」の愛称を持つ炭砿と鉄道館は、１９７０年に閉山した雄別炭砿と、運炭を担っていた雄別鉄道の歴史を伝える資料館で、敷地内には雄別鉄道で活躍した「Ｃ11 65」とともに、車掌車の「ヨ８０５７」と、北海道内で活躍した「オハ62 95」の台車が展示されていた。

オハ62 95は、戦前製の木造客車である「ナハ２３４１２」のフレームや台車などを再利用して、１９５４年に造られた「鋼体化客車」であったが、老朽化が進み、２００７年に台車だけを残して解体されてしまった。その残された台車というのが、ＴＲ11の二基だったのだ。

北海道釧路市阿寒町の炭砿と鉄道館には、車体が解体されてしまったオハ62 95の台車が残されていたが、このTR11に白羽の矢が立った

もし、加悦ＳＬ広場、炭砿と鉄道館のどちらの台車も譲っていただけなかった場合には、軌間の異なるアメリカの貨車の台車を履かせることまで検討に入っていた。

幸いにも、間に入って下さった釧路市在住の鉄道愛好家の星匠さんのご尽力により、炭砿と鉄道館のＴＲ11を譲っていただけることになり、オハフ46 2005は台車を履いた姿を取り戻すことができることになった。

古典台車も救われたものだった!

　このＴＲ11は、炭砿と鉄道館でオハ62　95が解体されることになった際、星さんが当時の関係者に掛け合って、解体の対象から外してもらったものだったのだ。

　このときに残されたＴＲ11のおかげで、大きなピンチに直面していたオハフ46　2005も命拾いをしたのだった。

　錆止め塗料が塗られて真っ赤な色をしていたＴＲ11も、フレーム部分は漆黒、車輪部分は銀色に塗り直され、とても古典台車には見えないぐらいの完璧な仕上がりになっていた。

　オハフ46　2005を迎え入れるために新たに敷設されたレールの上には、まずＴＲ11が載せられ、その上にオハフ46　2005の車体がクレーンを使って下ろされた。

　オハフ46　2005にとっては、実に二十五年ぶりに台車を履いた瞬間でもあった。

デッキも元通りに復元された!

　オハフ46　2005は、ビアステーションでの華やかなキャリアのあとは、車体のみの姿となって岩手県一関市内に置かれていたわけだが、晩年はかなり荒れた状態となっていた。ビアステーション恵比寿の時代に特注で作られ、最大のチャームポイントであった展望車風のデッキも、出入りのために一部が切り取られた状態となっていた。

　車体については、ＴＲ11との接合までは未修復の状態で進められたが、そこからは徹底的な修繕が施された。切り取られたデッキも元の状態に戻され、雨樋なども追加された。

　車体の塗装も、すっかり色が褪せて灰色に近い色調になってしまい、あちこちに錆が浮いた状態となっていたが、鮮やかな青色に塗り直され、デッキに愛らしいテールライトが取り付けられると、すっかり見違えるように美しくなった。

　なぜ、古典台車を履いたオハフ46形が存在しているのかという「謎」の解は、滅失を防ごうと関係者が連携プレーを繰り広げた結果、車体と台車の奇跡的なマッチングが実現した結果であったのだった。同時に、重要なパーツを残しておくことの意義を改めて教えてくれた一件ともなった。

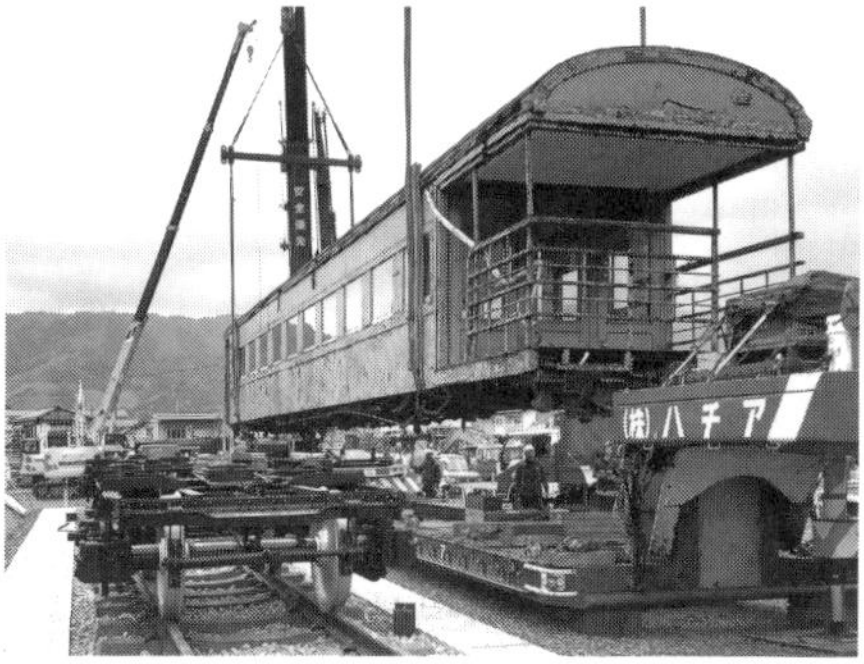

いよいよTR11と組み合わされる瞬間。オハフ46 2005にとっては25年ぶりに履く台車だ。車体はこの時点では未修復だ(画像提供：島正男さん)

なぜ、車齢一〇〇歳の木造電車はクラファンに大成功したのか？（山形県）

　1926年に製造され、まもなく一〇〇歳を迎えようとしている山形交通三山線の木造電車「モハ103」が、屋根の陥没という大きなピンチに直面していた。

　山形県西川町と町内の有志で作る「三山電車保存会」が2024年1月16日に会見を開き、モハ103を救うためのクラウドファンディング（以下、クラファン）に挑戦することを発表した。

　目標額は八五〇万円と、決して小さな額ではなかったが、募集終了日の2024年2月29日までに寄せられた支援総額は、関係者の予想を大きく上回る一五二三万五〇〇〇円に達した。

　なぜ、モハ103はこれほどの支持を集め、クラファンに大成功したのであろうか。

三山線にとって唯一の忘れ形見

　山形交通モハ103は、1926年に日本車輌で製造され、山形交通三山線（羽前高松駅～間沢駅間、一一・四キロ）の前身である「三山電気鉄道」の開業時に導入された木造単車だ。

　沿線にはいくつも鉱山があり、その輸送を担ったほか、通勤通学輸送、出羽三山への参詣客、間沢の菊まつりへの観光客の輸送などで賑わった。

　戦後は鉱山の閉山と、乗用車の普及に伴って、三山線は1974年に廃止となったが、モハ103は解体の危機を乗り越え、山形県西川町にある「設楽酒造店」の敷地内で保存された。

　三山線の廃線跡では、レールや枕木が撤去されてサイクリングロードへと転換されるなど、沿線からは次々と往時の面影が失われていく中で、モハ103は当時の車両として唯一の忘れ形見となっていた。

なぜ酒造店の敷地に？

　モハ103は、設楽酒造店の敷地内に設けられた「月山の酒蔵資料館」の前に保存されている。なぜ、ここに保存されたかといえば、山形交通の初代社長が、当時の設楽酒造店の社長であったという縁が大きかったそうで、「一両だけでも三山電車の車両を残し、その歴史を後世に伝えたい」という強い思いによって、設置が実現したという。

三山電気鉄道の開業時に導入され、まもなく100歳を迎えるモハ103は、国内でもあまり現存しない貴重な木造単車の1両となっている

社員たちの善意のペンキ塗り

モハ１０３が設楽酒造店の敷地内に設置されてから、五〇年近くが経過したが、近くには「西川町民間沢スキー場」があるほど積雪の多い地域であり、屋外でこれほど長く良好な状態を保ったのは、社員やボランティアの方々によるペンキ塗りや、冬季のシート掛けが継続されたおかげだった。

しかし、２０１８年の積雪で、ついに屋根が陥没するほどの大きな損傷を受けてしまった。重量のあるパンタグラフを支える部分の屋根のダメージが特に大きかった。すぐにブルーシートで覆うなどの応急対策が施されたが、このままでは、いつか完全に崩壊する日が来てしまうことは明らかだった。

ピンチを広く共有しなければ！

私がモハ１０３のピンチを知ったのは、春を迎えてしばらく経ってからの、２０１９年5月のことだった。

その前に訪れたのは２０１３年であったから、六年ぶりの訪問であったのだが、前回の凛とした姿とは打って変わって、ブルーシートにすっぽりと覆われた痛々しい姿に、少なからず衝撃を受けた。

すぐに月山の酒蔵資料館を訪れて、対応して下さった同館の荒木静香さんに状況を伺うと、関係者の間では、もはや修繕は難しいかもしれないとの声が出るほど、困窮されている様子であった。

地元の「間沢区地域づくり委員会」の皆様も、モハ１０３が緊急事態に直面していることを認識されているとのことで、屋根を架ける企画書を町役場に提出すべく準備を進められるなど、滅失を食い止めるための取り組みもすでに始まっていることを知った。

保存された車両がピンチを迎えていても、なかなかその情報が地域の外まで伝わらないことは、これまで何度も経験していた。

そこで、モハ１０３のピンチを少しでも広く知っていただくために、情報の拡散に関するお手伝いを申し出て、自宅へ帰るとすぐに、ネットニュースへの投稿や、山形県庁への情報提供、地元紙への画像提供などを行った。ちょうど月刊誌で保存車巡りの連載も行っていたので、モハ１０３のことをその中でも採り上げることにした。

50年近くにわたって設楽酒造店の敷地内で大切に維持されてきたが、雪の重みでついに屋根が陥没、ブルーシートで覆われてしまっていた

モハ１０３に再び光が…

それからまもなく、間沢区地域づくり委員会から町役場へ、冬に備えた応急の屋根を架けるための企画書が提出されたこと、そして町役場の職員の方がモハ１０３を見に来られることを、荒木さんから教えていただいた。

モハ１０３を守るための具体的な第一歩が、いよいよ踏み出されることになったのだ。ほぼ同じタイミングで、私からも各方面への情報発信を開始させていただいた。このとき、荒木さんからは「電車の知識もなく、時間だけが過ぎる…そんな状態から一歩前に進む事が出来そうです。諦めかけていた電車の保存が現実になりますよう祈るばかりです」と希望が込められたメッセージをいただいた。

私からも、「御社がこれまで大切に守ってこられたモハ１０３は、地域の宝だと思います。ただ、その存在を、地元の皆様でもご存知の方ばかりではありません。これを機会に知って頂ければ、きっと、大きなムーブメントとなると思っております。私もそのきっかけの一助になればと願っております」と返事を送った。

地元紙である山形新聞の動きも早かった。その日のうちに、寒河江支局長よりお電話があり、翌日には改めて電話取材をして下さった。

荒木さんからも連絡があった。

「展開が早く驚いておりますが、こちらにも先程、山形新聞より取材のお電話がありました。今朝、ＨＰにも応援メッセージが入っていて驚きましたが、私達もやっと事の重大さに目が覚めた思いです。あのブルーシートから救ってあげたい気持ちが日増しに大きくなります」

そして２０１９年6月4日、心待ちにしていた山形新聞の紙面への掲載が、ついに実現した。

山形県内で行政の仕事に就いておられる方で、地元紙に目を通さないという方はおられないだろうから、これで山形県庁を筆頭に、県内市町村の隅々に至るまで、モハ１０３の大切さと窮状を知っていただくことができた。

そして、これだけ大切な歴史遺産を、民間企業が頑張って残されて来たという事実、そしてそれがいま限界を迎えていることも、広く県民に知っていただけたに違いなかった。

2019年から2020年にかけての冬に備えて、モハ103を保護するための仮設屋根が設置された。これ以上の崩壊を防ぐための応急対策の第一歩が実現した

「ミラクルのようだった」

新聞記事は、県内のみならず、日本最大級のポータルサイトを通じて広く配信されたことから、想像以上に大きな反響を巻き起こすこととなった。

その結果、ブログへのアクセス数が急速に伸び、SNSへのダイレクトメッセージ、HPからのメール等が続々と届いた。その中には、応援ばかりではなく、批判的なものも含まれていて、荒木さんも私も、心が折れそうになる場面もあった。それでも、この圧倒的な反響のおかげで、多くの心ある方々のところへ情報を届けることができたのも事実だった。

荒木さんはこのときのことを「ミラクルのようだった」と振り返られた。私も同感だった。実は、私がモハ103を見せていただいたちょうどその頃、会社内では、解体も止む無しという方向に傾きつつあったそうである。もし、その流れのまま、情報発信という提案も辞退されていたら、このような反響が巻き起こることも無かったのだ。

あのとき、まだ間に合うかもしれないと情報発信をご提案し、それを受け入れて下さったことが、ひとつのミラクルを生んだことは間違いなかった。

盛り上がった鉄道講演会

2020年1月12日、間沢区地域づくり委員会のお招きで、鉄道講演会の講師を務めさせていただくことになった。講演会のタイトルは、「保存電車を生かした地域づくり　～三山線モハ103の魅力と価値を再発見～」とさせていただいた。

このとき初めて、間沢区地域づくり委員会の委員長で、区長の奥山敏行さんと、公民館館長の古澤勝廣さんにお会いすることができた。古澤さんは、このあと結成された「三山電車保存会」の会長を務められることになった方であり、クラファンを大成功へと導いた牽引役となった方である。

講演会では、三山線が営業中であった頃の貴重な写真を事前に多数お借りできたことから、それらをご覧いただきながらお話しを進めた。

講演会に集まって下さった方々にとっては、それらの多くが、実際に見知った光景であり、写り込んでいる建物や人物のほうに関心が集まり、大いに盛り上がっていただくことができた。

2020年には、モハ103の魅力再発見をテーマとした講演会の講師を務めた。スライドに登場した昔の建物や人物に会場は大いに盛り上がった

講演会で一番伝えたかったこと

この講演会を通じて私が一番お伝えしたかったのは、スライドに繰り返し登場したモハ１０３の実物が、現在でも生き残っていることの凄さと大切さであった。

このモハ１０３こそが、現役時代には地元の方々がシートに腰掛けて各地へ出かけ、冬季には職員たちが雪を掻いた線路の上を懸命に駆け抜けた、その実物であるのだ。

そのようなモハ１０３を、地元の酒造店が守って来られたからこそ、今日まで残っているのであり、全国でも、大正時代の木造単車はほとんど残っていない、それほど貴重な歴史遺産であることを伝えたかったのだ。

もし、モハ１０３をゼロから作ったとしたら、おそらく数千万円以上は掛かるであろうし、しかも完全な再現は不可能であろう。

保存により生まれる利点を想起

講演会では、モハ１０３を地域の歴史的シンボルとして活用することで、今後、様々な地域振興に寄与しうることもお伝えした。保存することにより生まれる利点を、明るく楽しいイメージで想起してもらおうと考えたのだ。

その一例として、現在よりも線路を長めに敷設しておき、イベント時に車両移動機を活用してモハ１０３を動かすアイデアをお話しした。ほかにも、夜間に室内の照明を点灯したり、赤い尾灯を点灯したりすることで、夜の観光資源となることもお話しした。

保存のための資金調達についても、クラファンの活用や、各種助成金の活用などについてお話しした。滋賀県内で電気機関車の保存を達成された事例では、大学生たちが奮闘し、五〇〇万円の目標金額を超える、五八〇万円が集まったこともご紹介した。もちろん、この時点では、それをはるかに超える金額がクラファンに寄せられることになろうとは、夢にも思っていなかった。

地域を走り続けたモハ103の実物が残っていることが大切で、前照灯なども夜間に点灯を行えば、魅力をよりアップさせることに繋がることなどを講演会でお話しした

いよいよクラファンがスタート!

三山電車保存会では、事務局長の青山さんを筆頭に、クラファンの運営会社との度重なる打ち合わせや、返礼品などの準備を進めた。当初は２０２３年6月を予定していた開始時期を、最終的には２０２４年1月15日として、

いよいよ挑戦が開始された。

　三山電車保存会を代表して、会長の古澤さんのメッセージが掲載された。数年前までは、地元の子供たちがモハ103の車体に触れながら学ぶことができたのが、いまでは見ることすら出来ないほど傷んでいることに、心を痛められていることを吐露され、支援を呼びかけられた。保存会メンバーの中には、もちろん荒木さんの姿もあった。

　そして西川町の菅野大志町長のメッセージも紹介され、その中では「修復後、町は、すぐ見れるようなところに大切に保存することを約束します！今しかできない挑戦！どうかご支援お願いします。」という心強い文章が光った。私からも、メッセージとともに、返礼品の一部として活用いただく著書をお届けさせていただいた。

次々と目標金額を達成！

　クラファンの開始は地元メディアだけでなく、県外メディアからも発信され、その支持は広がっていった。クラファンを開始してから一箇月が経過した2月16日には、早くも目標金額に掲げた八五〇万円を達成、ここからネクストゴールの一五〇〇万円への挑戦が始まった。

　そして募集最終日の2024年2月29日の午前10時、三山電車保存会の倉石さんからは、支援総額が一三二八万円に達していること、ネクストゴールまではあと一七二万円であることが報告された。残り十三時間で果たしてネクストゴールが達成されるのか、固唾を飲んで見守ったが、最終的な支援総額は一五二三万五〇〇〇円に達し、ネクストゴールも見事に達成された。

　支援者の総数は六〇三人で、寄せられたコメントには、幼稚園の頃に乗ったという方や、通学で利用していたという方、家族が利用していたという方、スキーを担いで乗ったという方など、想い出と愛着が詰まっていた。そして木造単車の滅失を憂いた全国の愛好家からも力強い支援が寄せられた。

　なぜ、車齢一〇〇歳の木造電車はクラファンに大成功したのか、その「謎」の解は、初めから困難と知りながら、関係者の誰もが諦めずに行動を続けた結果、大正時代の木造単車が現代まで生き残っていることの奇跡と大切さが多くの方々に伝わり、大きな共感を呼んだからに違いなかった。

三山電車保存会が挑戦したクラファンは、603人から1523万5千円の支援が寄せられて見事に成功、いよいよモハ103の修復が開始された

なぜ、未開業の幻の駅に「車掌車」が保存されているのか？（栃木県）

戦前に工事が行われ、助役官舎や鉄道電話まで完成していたというのに、未開業に終わってしまった幻の駅が栃木県茂木町に存在する。

その駅は「下野中川駅」といい、開業することなく放棄されてしまった「長倉線」の駅として計画されていた。

そんな下野中川駅には、国鉄時代に活躍した「車掌車」が置かれている。なぜ、未開業に終わった幻の駅に、車掌車が保存されているのであろうか。

トンネルやアーチ橋も完成していた

長倉線は、真岡線（現・真岡鐵道）の終点である茂木駅と、長倉宿（現・常陸大宮市）との間の一二・二キロを結ぶ鉄道として計画され、熱心な建設運動を受けて、1937年に工事が始められた。その全貌は、改正鉄道敷設法第三十八号に「茨城県水戸より阿野沢を経て東野付近に至る鉄道、及び阿野沢より分岐して栃木県茂木に至る鉄道」と定められていた。

茂木駅～長倉宿間では用地買収も完了し、河井村（現・茂木町）までの約六キロの区間では、トンネルやアーチ橋、築堤などの路盤工事も完了、1940年には一部区間でレールの敷設も開始されたと記録されている。

ところが、1941年に太平洋戦争が始まったことにより工事は中断、せっかく敷いたレールも、金属類回収に伴って剥がされてしまったという。

戦後になっても長倉線の工事が再開されることはなく、そのまま「未成線」として、すでに完成していた路盤なども長く放置されることになった。

下野中川駅の広い用地も放置

茂木駅から約五・六キロの位置に設けられる予定であった下野中川駅は、構内の延長が三二八・八メートルであったと記録されており、比較的規模の大きな駅として計画されていたことが窺える。ただ、その用地も、一部が畑となった以外は、長らく使われないままとなっていた。

転機が訪れたのは2020年のことで、真岡線開業百年に合わせて、「幻の長倉線」の遺構を巡るツアーの企画が持ち上がったことだった。

未開業に終わった長倉線の下野中川駅は、長らくの放置状態を経て、レールの敷設や車掌車の設置が行われ、すっかり駅らしくなった

幻の長倉線の遺構が人気に！

幻の長倉線の遺構を巡るツアーは、2020年に〝モニターツアー〟が開催されたのち、2021年から本格化し、この年には約六五〇人が参加、2022年には約四四〇人が参加するほどの人気になった。その後も春と秋に各三回が開催されている。

このツアーの魅力は、通常は立入禁止となっている「大峯山トンネル」をくぐり抜けることができることだ。

大峯山トンネルは、茂木駅から約三キロの位置にある延長一八〇メートルのトンネルで、長倉線では最大の難工事であったという。完成してから一度も列車は通っておらず、蒸気機関車の煤なども付着していないため、内部のコンクリートも打設当時のままのきれいな状態を保っている。

そして、このツアーのもう一つの魅力が、下野中川駅に保存されている車掌車の車内に入れることだった。

下野中川駅にある車掌車とは？

下野中川駅に保存されているのは、車掌車の「ヨ5101」だ。1962年の製造で、長さは約七・八メートル、重さは約九・五トンある。

下野中川駅には、約二〇メートルのレールが敷かれ、その上にヨ5101が展示されている。さらにはヨ5101を雨から守る上屋も設けられ、腕木式信号機も建てられていた。国鉄のフォントを再現した駅名標や、丸形の郵便ポストまであり、昭和を彷彿とさせる駅の風景が出来上がっていた。

ヨ5101はどこから来たのか？

ヨ5101が下野中川駅にやって来たのは、2023年1月18日のことで、トレーラーに載せられて到着すると、大型クレーン車で吊り上げられ、敷設されたレールの上に設置された。

ヨ5101がそれまでの三〇年以上を過ごしていたのは、東京都多摩市の多摩センター駅に近い住宅地で、鉄道愛好家のオーナーが手塩にかけて美しい外観に保ち、車内は人々が集う場として使われていた。ヨ5101の今後についてオーナーが思慮していたとき、駐車場の管理を任されていた不動産会社の担当者が、SNSで「活用法はないものか」と発信したところ、それが茂木町の担当者の目に留まったのだった。

車掌車のヨ5101は、下野中川駅に展示される以前は、東京都多摩市の住宅地で30年以上にわたって鉄道愛好家の手で保存されていた

強力な後押しは前澤さんの寄付！

このとき、強力な後押しとなったのが、衣料品通販大手ＺＯＺＯの創業者で実業家の前澤友作さんが「今年はふるさと納税一〇億円を寄付します」と表明したことだった。

「幻の未成線　長倉線」の整備に力を入れていた茂木町役場の担当者がこの発表を見つけ、大至急で申請書と計画書を準備し、町長に「応募させてください」と掛け合った。

町長も快諾し、さっそく町の公式ＳＮＳでもアピールが行われた。全国のおよそ三〇〇の自治体から応募があったというが、寄付が決定した八十七の自治体の中には、茂木町の名前もちゃんとあった。栃木県からは栃木市、さくら市、那須塩原市も選ばれた。〝駄目もと〟で応募したという茂木町の担当者も、新聞の取材に対して「本当にうれしい」と喜びを語った。

ヨ５０００形の中でも貴重な存在

車掌車のヨ５０００形は、ピーク時には一一〇〇両以上が在籍していたが、このうち新製車はわずかに一〇〇両だけだった。

その新製車というのが、ヨ５０５０〜５１４９の一〇〇両で、１９６２年に東急車輌製造と協三工業で製造された。それ以外のヨ５０００形は、すべてヨ３５００形からの改造車だった。

下野中川駅に保存されたヨ５１０１も、その一〇〇両のうちの一両で、最新の溶接技術を用いて仕上げられたため、ヨ３５００形からの改造車には大半で使われていたリベットが見られず、すっきりとした外観になっていた。

全国的にもこのタイプのヨ５０００形の現存例は少なく、ヨ５１０１も貴重な一両となっている。しかも下野中川駅では上屋が設けられており、保存に理想的な環境が整っているのだった。

ヨ5000形のうち新製車は100両だけで、ヨ5101もそのうちの貴重な一両。最新の溶接技術で仕上げられ、すっきりとした外観になっている

幻の長倉線をたどる

下野中川駅から茂木駅まで、長倉線の路盤をたどってみることにした。

下野中川駅の用地は、前述のとおり広く確保されていたのだが、これは近くを流れる那珂川の水運との連絡を図ったためだとされている。

下野中川駅からは、平坦な路盤が続いている。一帯は田んぼが広がっており、のどかな光景の中を進んで行く。

現代であれば、まっすぐな線形を確保するために、低い山などは切り崩して突っ切っていくところであろうが、長倉線の路盤は山裾を回り込むように、穏やかな曲線を描きながら進んでゆく。そしていよいよ山を避けて通れなくなったところで、前述の大峯山トンネルがぽっかりと口を開けていた。

頑丈に造られた幻のアーチ橋

沿線で目を惹いたのは、道路との交差部分に設けられたコンクリート製のアーチ橋だった。

下を乗用車がラクラク通過できるほどのスケールであるので、工事が行われた戦前の当時としては、規模の大きな部類に入っていたと思われる。

一見すると、普通の山岳トンネルのような外観なので、まさかその上を、幻の鉄道の路盤が横切っていたなどとは想像もしないで通り抜けていた人も多かったに違いない。

現在は長倉線の路盤をたどる散策路となっているが、なにしろ蒸気機関車が通過しても耐えられるほどの頑丈さで造られたアーチ橋であるので、人が上を歩く程度なら、何ら問題のない程度の強度を保っているはずである。

幻という称号が持つ魅力

長倉線は、これほどの完成度を誇りながら、一度も列車が走ることなく終わったわけだが、その無念の歴史があったことで、「幻」という称号が授けられることになった。

その幻という言葉が持つ響きには、普通の廃線跡には無い魅力が感じられ、ただの空き地だった下野中川駅も、たちまち魅力的な観光資源へと生まれ変わった。ヨ５１０１が現れたことのインパクトも大きく、これで視覚的にも駅だったことがわかるようになった。

なぜ、未開業の幻の駅に車掌車が保存されているのかという「謎」の解は、歴史の中に埋もれかけていた無念の駅の遺構に、茂木町役場の方々が情熱を注ぎ続けた結果、さまざまな幸運を引き寄せ、ついにはヨ５１０１の保存が実現したということだった。

ついでに嬉しかったことがもう一点あり、それは多摩市に保存されていた当時から、全日空のタラップがヨ５１０１の階段として使われていたのだが、それも一緒に下野中川駅へと移され、引き続き使われていることだった。

「後郷ガード」と名付けられたアーチ橋は、一見すると普通のトンネルのようだが、実はその上を未成線の路盤が横切っているのが面白い

なぜ、「北斗星」で活躍した食堂車が住宅街で営業しているのか？（埼玉県）

１９８８年3月13日に青函トンネルが開業したのを機に、東京と北海道を直通する初めての寝台特急列車として「北斗星」が運行を開始した。

大都会の喧噪の中から出発し、目覚めると北の大地を疾走しているという、それまで日本にはなかったスタイルの列車は、その逆行程の列車とともに、大いに人気を集めた。

２０１５年3月14日のダイヤ改正で惜しまれながら定期運行を終了したが、それから約一〇年を経た現在も、当時の食堂車が埼玉県内の住宅街で営業を続けている。なぜ、そのようなことが実現しているのであろうか。

〝初の豪華寝台特急〟の称号も

「北斗星」は片道当たりの走行距離が一二〇〇キロ超と、定期旅客列車としては２００５年以降では国内最長距離を誇っていた。ロビーカーや食堂車、個室寝台などを連ねていたことから、〝日本初の豪華寝台特急〟との呼び声も高かった。その中でも象徴的な存在となっていたのが食堂車で、フランス語で「北斗七星」を意味する〝グランシャリオ〟と命名された。

当時のグランシャリオでは、食事は予約制となっており、メニューは年代によって変化があったものの、フランス料理のコースか、和食懐石膳を選ぶことができた。前者が七八〇〇円、後者は六〇〇〇円であったから、決して安い価格ではなかったが、流れゆく車窓を眺めながら、温かな料理が楽しめるというのはまさに旅の醍醐味で、多くの人々の憧れの的となっていた。

当時のメニューを振り返ってみても、「雲丹風味のクレープ包み　海の幸サラダ仕立て」、「真鯛とアスパラのクリームスープ」、「牛フィレ肉のソテー　野菜のメロディ　赤ワインソース」と続き、デザートのアイスクリームには北海道をかたどったクッキーが添えられるなど、旅情を大いに盛り上げていた。

青函トンネルを通って首都圏と北海道を直結した寝台特急列車「北斗星」。右端のほうに見えている屋根の低い車両が食堂車のスシ24形だ

異彩を放っていたもう一つの理由

北斗星に連結された食堂車は、その豪華さだけでなく、別の点でも異彩を放っていた。それは編成されている他の客車と比べ、屋根が低いことだった。

実は、北斗星に連結されていた食堂車は、電車用の食堂車を改造したものだったのだ。

北斗星の運行開始当時、寝台列車用に製造された食堂車では数が足りなかったため、ちょうど余剰になっていた電車特急列車用の食堂車を有効利用することになったのだ。

このため、編成された前後の寝台客車よりも屋根が低く、屋根の上に載っている冷房装置も異なり、車体の断面も一致していないのだった。

改造に際しては、大幅な車内のグレードアップが行われた。食堂車は、JR北海道所属車と、JR東日本所属車がそれぞれ四両ずつ存在したが、当初は所属する会社によって内装が異なることも特徴だった。通路を挟んで、JR北海道所属車は片側が四人掛け、反対側が二人掛けのテーブルとなっていたが、JR東日本所属車は当初は四人掛けのテーブルが両側に並んでおり、カーペットや椅子の色調も異なっていた。テーブルについては後にJR北海道所属車のレイアウトに統一された。

食堂車を残したいとの想いが結実

2015年3月14日のダイヤ改正で定期運行を終えたのちも、臨時列車としての運行がしばらく続けられたが、それもついに同年8月22日の札幌発の列車で終わりを迎え、北斗星は二十七年半に及ぶ歴史に幕を下ろした。

役目を終えた客車の大半は解体の運命をたどったが、愛着や想い出のある車両を後世に残したいと願った人は少なからずおられ、実際にその想いが結実した数少ない車両の一つが、「スシ24　504」だった。

グランシャリオの運営に実際に就かれたことがある方から、ピュアホームズグループの株式会社PYCの代表取締役である嶋田悟志さんへ引退した食堂車のことが伝えられた。同社では、埼玉県川口市戸塚で「ピュアヴィレッジ」を展開しており、食堂車を東川口駅周辺のランドマークとして迎え入れる方針を固め、JR東日本へ購入の意思が伝えられた。そして2016年3月、ついに契約が結ばれたのだった。

スシ24　504は、トレーラーに積まれて深夜の道路を走行、最後はバックで敷地内まで運ばれた。夜が明けてからは、クレーンで慎重に吊り上げられ、無事に設置が完了した。

クレーンを使って搬入されるスシ24 504。レールの敷設に当たっては地盤の改良まで行ったのだそうだ（画像提供：株式会社PYC）

現役当時の姿を見事なまでに維持

ピュアヴィレッジにスシ24　５０４が設置されたのちに、ステップも整備されて開店準備が整えられた。

外観は現役当時の姿を維持しており、妻面の標記類もそのまま残された。前述のとおり、スシ24　５０４はもともと４８５系電車の食堂車として製造されており、１９７３年に「サシ４８１-64」としてデビュー、１９８８年に新津車両所で改造を受け、現在の車番となった。妻面には、そのことを示す銘板類もちゃんと残されていた。

最大の特徴は供食の実現

北斗星での活躍を終えた客車のうち、保存されたものはわずかであったが、その中でもスシ24　５０４の存在が光っていたのは、食堂車としての機能と歴史を最大限に活かして、供食が可能な形で保存されたことだった。名称も北斗星時代をそのままに「グランシャリオ」と命名され、完全予約制によりランチとディナーの提供が行われた。近隣のグループ飲食店舗からイタリアン、蕎麦と和食がサーブされ、北斗星時代を知る人々からは、懐かしむ声や、歓喜の声がいくつも聞かれたという。

その後は、もっと気軽に利用してもらいたいとの想いから、隣にあったベーカリーと協働し、予約なしでも利用できる「ベーカリーレストラン　グランシャリオ」へと生まれ変わった。

車内も驚くほどに現役当時のまま

実際にグランシャリオの車内に足を踏み入れてみると、驚くほどに現役当時の面影を留めていた。

天井の照明も、ゆったりと配置されたテーブルも、そして車内の雰囲気を大きく印象付けたテーブルのランプシェードもそのままだった。ランプシェードは、ＪＲ北海道所属車とＪＲ東日本所属車では、色も形も大きく異なっていたのだが、後者の晩年の特徴であった白色の角形のものが残され、ちゃんとテーブルの上で機能していた。

ＪＲのロゴが入った温度計や、「お願い　列車は事故防止のため急停車することがありますので御注意下さい」といった表示も健在で、「尾久車両センタ」の押印がある「殺虫消毒実施済票」までしっかりと残っていた。

テーブルや椅子、カーペット、テーブルの上のランプまでが当時のままで、多くの乗客が旅情を楽しんだ車内の雰囲気が保たれていた

東川口の「食」のランドマークに

　ピュアヴィレッジは、JR武蔵野線・埼玉高速鉄道の東川口駅から徒歩九分の場所にあり、〝東川口の新しい「食」のランドマーク〟として、地域住民の方に楽しんで訪れてもらえる場となることを目指している。

　車内で天然酵母の焼き立てパンが楽しめる、ベーカリーレストランのグランシャリオをはじめ、厳選食材を使った創作イタリアンや、手打ち本格蕎麦屋、それぞれの店舗のオリジナル商品をテイクアウトできるコンテナ型店舗「ピュアマルシェ」なども軒を連ね、食に関連したコミュニティが形成されている。

　さらにグランシャリオには、ランドマークとしての位置づけだけでなく、障がいを持つ方の就労の場所としての位置づけもあり、地域の雇用創出にも一役買っているのだ。

2022年には塗装修繕も完了

　グランシャリオとして2016年にオープンして以降、スシ24　504には、鋼製車両の宿命とも言うべき塗装の傷みが発生してしまった。特に窓の周囲は、雨水の侵入でダメージが深刻だった。外観の修繕には全面的な錆の除去が必要で、その費用は総額で一一〇〇万円が見込まれた。車両修繕積立金として一〇〇万円が準備されていたが、残りの修繕費用についてはクラウドファンディングを通じて支援を募ることになった。

　ファーストゴールとしては、窓以外の修繕までを実現できる七〇〇万円に設定、ネクストゴールとして窓までを含めた修繕が実現できる一〇〇〇万円に設定された。

　そして募集終了日の2021年10月19日までに、全国の六一七人から一〇七七万円の支援が寄せられ、2022年には念願の塗装修繕が完了、鮮やかなブルーの外観が蘇った。

　なぜ、北斗星で活躍した食堂車が住宅街で営業しているのかという「謎」の解は、現役時代そのままの車内で食事を楽しんでもらおうと、地域のランドマークと雇用創出という二つのテーマを掲げて関係者の方々が努力を重ねられたことだった。これからも、この素敵な空間が多くの方々に末永く親しまれることを願わずにはいられない。

スシ24 504が屋外で美しく維持されているのは、きちんとメンテナンスが行われているからで、2022年には全面的な塗装修繕も行われている

なぜ、「丸ノ内線カラー」の元銀座線車両が存在しているのか?(千葉県)

千葉県銚子市の銚子電気鉄道(以下、銚子電鉄)の仲ノ町車庫には、現役で活躍する電車に紛れて、だいぶ錆がまわった電車が留置されている。

外観は東京メトロの「丸ノ内線カラー」をまとっているのだが、車体は銀座線で主に活躍していたタイプであるようだ。

なぜ、丸ノ内線カラーの元銀座線車両が、それも千葉県内に存在しているのだろうか。

元は銀座線用の標準型車両

この丸ノ内線カラーをまとった電車は「デハ1002」といい、その外見のとおり、元は銀座線用の標準型車両として、1959年から1963年にかけて一〇四両が製造された、帝都高速度交通営団(営団地下鉄、現・東京メトロ)の2000形のうちの一両だった。

1968年になって、2031~2040の一〇両が丸ノ内線の分岐線(中野坂上駅~方南町駅間)に転属した。元銀座線の車両が、丸ノ内線カラーをまとったのは、このような経緯があったからだった。

カラーが変わったことのほかに、ドア付近のステップの追加があった。銀座線の車両は車体の幅が二〇センチほど狭く、ホームと車体との隙間が大きくなるためだった。

当初は二両編成×五本で運用されていたが、1981年には八両が追加で転属、三両編成×六本に増強された。丸ノ内線の分岐線での活躍は1993年まで続き、廃車後も一部の車両は改造を受けて地方私鉄で走り続けることとなった。それが日立電鉄(2005年に鉄道事業を廃止)と銚子電鉄だった。

ダイナミックな改造を実施

営団地下鉄からは、2000形の二両が銚子電鉄に入線した。当初の予定では、日立電鉄に導入されるはずの車両であったのだが、計画の見直しで譲渡が中止され、銚子電鉄へとやって来たのだった。譲渡に際しては、一両単位での運行が可能となるよう、かなりダイナミックでユーモラスな改造が行われた。

デハ1002は元営団地下鉄2000形で、銚子方は営団時代の「2040」に復元されている。右隣は澪つくしカラーの3000形で、元は伊予鉄道の700系だ

具体的には、2046の車体に、2033から切り取った運転台を接合して、デハ1001とした。そして2040の車体に、2039から切り取った運転台を接合して、デハ1002とした。

他にも改造箇所があり、営団地下鉄と銚子電鉄では線路の幅が違うため、台車を富士急行モハ5700形が履いていたものに振り替えた。それは、元をたどると小田急電鉄2200形が履いていていたものだった。

集電方式も異なっていたため、パンタグラフや電動機などの機器類は営団地下鉄の3000系のものを、空気圧縮機や電動発動機、扇風機などは営団地下鉄の1500形(二代)のものを取り付けた。

さまざまなカラーをまとった！

デハ1001と1002は、1994年から営業運転を開始し、当初は銚子電鉄の標準カラーをまとっていたが、そのキャリアの中で何度かカラーリングを変えている。

デハ1001は、2007年から「桃太郎電鉄」のラッピング車両となり、2012年からは山吹色の銀座線カラーをまとった。

デハ1002は、『鉄子の旅』の原作者で漫画家の菊池直恵さんが考案した特別塗装を2008年からまとった。日の出のオレンジと、海の紺色に、波をイメージした白いラインが入り、2011年までその塗装をまとっていた。

そして2011年には、現在でも見られる、赤のボディに白帯の丸ノ内線カラーへと塗り替えられた。

営団地下鉄のカラーが2両揃った2012年からは、銀座線カラーと丸ノ内線カラーの電車が千葉県内で行き交うという光景が数年にわたって展開し、営団地下鉄で活躍した時代を知る人々を懐かしがらせた。

デハ1000形の2両はさまざまなカラーをまとった。デハ1001は2007年から「桃太郎電鉄」のラッピング、2012年からは銀座線カラーをまとった

さまざまな危機にも直面

銚子電鉄は1990年に親会社が変わり、社長も変わったが、のちにこの社長による業務上横領が発覚して2006年に逮捕されるという事件が発生、苦難の時代を迎えることになった。

銚子電鉄は鉄道車両の法定検査費用さえ捻出できないという事態に直面し、そのことを知った県内外の人たちが、「ぬれ煎餅」の購入などを通じて応援、なんとか法定検査を乗り切った。

しかし、これに追い打ちをかけるように、2011年に東日本大震災が発生、観光客が大幅に減少し、銚子電鉄は再び困難に直面した。

2013年には、「自主再建断念」を発表、地域では銚子電鉄運行維持対策協議会が結成され、存廃が議論された結果、存続と決議された。国と千葉県、銚子市も車両や設備の更新費用を分担することになり、ひとまず危機を乗り切った。

財務上の問題以外にも、車両の運用面での問題も発生し、2014年1月には笠上黒生駅で脱線事故が発生、2000形2002編成が運行不能となった。車両が不足する中、1000形が奮闘を続けた。

ついには引退の日が到来

さまざまな困難を乗り越えてきた1000形も、新製された時期から数えると軽く五〇年を超え、ついに引退の日がやってきた。

デハ1002が2015年1月10日に引退、デハ1001も2016年2月28日に引退の日を迎えた。

デハ1001のほうは、車体が分割されて千葉県松戸市まで運ばれ、現地で再接合されて、私設博物館「昭和の杜博物館」に保存された。デハ1002のほうは、その後も仲ノ町車庫で姿を留めている。

世代交代を眺める日々

デハ1002は2015年に引退してからも仲ノ町車庫に留まり、後進の活躍と世代交代を見守ってきた。

2016年には元伊予鉄道の700系が、銚子電鉄3000形として活躍を開始し、2024年には元南海電鉄の2200系が、銚子電鉄22000形として活躍を開始した。

この22000形のデビューの陰で、2000形2001編成の二両が引退、分割されて搬出されていった。

デハ1002には体験運転の夢が

仲ノ町車庫で世代交代を眺めながら、ずっと留まり続けてきたデハ1002には、ある夢が託されていた。それは、「体験運転」の実現というものだった。時折、構内で動く姿も目撃されており、外観こそ荒れているものの、夢は繋ぎ止められているようだった。

仲ノ町車庫に留まり続けるデハ1002には、体験運転の実現という夢が託されていた。手前にいるのは全長わずか4.4メートルのデキ3

デハ1002に会いにゆく

仲ノ町駅の窓口で入場券を購入すると、土、日、祝日の午前8時から午後4時までの間、仲ノ町車庫の見学が可能となっている。車庫の見学は他社では年々ハードルが高くなっている中で、入場券だけで見学が可能となっているのは実に有り難い。車庫の見学については銚子電鉄の公式サイトでも紹介されており、「検査状況によって見学できない場合もございますので、ご了承ください」といった注意事項についても触れられている。

入場券を手に、車庫の中を歩いて、デハ1002の近くまで行ってみた。すると、遠目にはそこまでとは思わなかった車体の傷みが、想像以上に進んでいる様子も見て取れた。

特に屋根と車体側面の接合部付近や、窓の周囲などで腐食が目立ち、一部では鉄板に穴が開いているように見える箇所もあった。

「アンチクライマー」が健在

デハ1002の前面下部で目に留まったのは、国内の車両では珍しくなった「アンチクライマー」の存在だった。

アンチクライマーとは、鉄道車両の主に前面下端に取り付けられるリブ状の構造物で、万一の衝突事故の際、双方の車両のアンチクライマーが噛み合うことによって、どちらかの車両が相手車両に乗り上げるのを防ぐ目的で取り付けられている。一体鋳鋼などによって頑丈に造られているため、アンチクライマーが付いていると、車両に武骨な印象を与えることも多かった。

海外ではアメリカやヨーロッパを中心に、現在でもアンチクライマーを装備する車両が多いが、日本では保安装置の発達などによって、衝突事故そのものが減少し、車両の軽量化の流れと逆行する装備でもあったため、取り付けている車両は少なくなっている。実装している姿を見られるという点でも、貴重な存在となっている。

デハ1002は、ボディの赤色がサンタクロースを連想させるとして、現役時代のクリスマスイブには予告運行が行われたこともあった。前述のとおり、デハ1002には体験運転の夢も秘められている。いまは傷みの目立つ姿であるが、いつか蘇って、夢を実現する日が来ることを期待したい。

デハ1002には、国内の車両では珍しくなりつつあるアンチクライマーが装備されている。なお、外川方の標記は「1002」となっている

なぜ、現存しないはずの都電「5001」が展示されているのか？（東京都）

東京都の新宿区立新宿歴史博物館は、新宿区の郷土資料を扱う博物館として1989年に開館した。旧石器時代から昭和時代初期までの移り変わりが五つのコーナーに分けて紹介され、江戸時代の「内藤新宿」の街並みを紹介したジオラマや、再現した昭和初期の文化住宅、新宿区にゆかりのある文豪に関する資料なども展示されている。そしてフロアの一角には、現存しないはずの都電「5001」が展示されている。なぜ、都電5001がここに存在しているのであろうか。

都電5000形電車とは？

都電5000形電車は、東京都交通局の前身である「東京市電気局」の時代に、東京市電（のちの東京都電）としては初となる半鋼製の三扉ボギー車として、1930年に5001〜5012の十二両が導入された。1943年には5013〜5024の十二両が増備されている。

5000形の最大の特徴はそのボディの大きさで、全長が約十三メートルもあり、定員は一〇〇名（座席定員二十四名）を誇っていた。

ただし、東京市電には経路上に急カーブが存在する系統も多く、大型車が入線できる系統が限られていたため、その収容力を活かせる新宿駅系統で集中的に運用されていた。

戦時中には被災した車両も

戦時下の1943年には東京都制施行によって呼称が「都電」と変わり、輸送力増強のために、前述の通り、5000形が急遽十二両製造された。

1945年5月25日の東京大空襲では、5000形のうち5013、5020、5024の三両が被災し、5020は復旧されることなく廃車となってしまった。

残る二両は戦後の1949年になって復旧され、5022、5023に改番されて運用に復帰した。

戦後には集電装置がビューゲルに改造されたほか、三扉であった車体が二扉に改造されるなどの変化があったが、基本的に新宿駅系統に充当されることに変わりはなかった。

5000形は東京市電では初となる半鋼製の三扉ボギー車で、全長が約13メートルもあったため、新宿駅系統で集中的に運用された

都心のど真ん中で活躍

５０００形が集中的に運用されていた11系統と12系統は、都心のど真ん中を経由していた。当時の経路を振り返ってみると、11系統は、新宿駅前～四谷見附～半蔵門～議事堂前～日比谷公園～銀座四丁目～築地～月島八丁目を走っていた。12系統は、新宿駅前から四谷見附までは11系統と同じルートを通り、その先では四谷見附～市ヶ谷見附～九段下～神保町～淡路町～岩本町～浅草橋～両国駅を走っていた。

長く活躍を続けた５０００形であったため、その姿を捉えた写真も数多く残されたが、都電撤去計画の進捗に伴って、他の車庫から転属してきた車両に置き換えらえる形で、１９６７年から翌年にかけて全車が廃車となった。

廃車後も引く手あまた！

廃車となった５０００形には、多数の引き取り希望者が現れ、全部で十二両がそれぞれの嫁ぎ先へと旅立っていった。都内では幼稚園に引き取られたケースが多かったが、神奈川県や埼玉県、遠くは山梨県まで嫁いだ５０００形もあった。

その大半は今日までに失われてしまったが、東京都西東京市内の個人宅では、５０１１の車体が現在も大切に保存されている。

一度は保存されていた５００１

廃車後に保存された十二両の中には、実は５００１も含まれていた。

東京都府中市の郷土の森公園内にある交通遊園では、現在も都電６１９１が保存されているが、その先代に当たるのが、５００１だったのだ。

惜しいことに、１９８１年に老朽化を理由として５００１は解体され、その代替として６１９１が保存されたのだった。

この事実からも明らかなとおり、５００１の車体は、１９８１年までは確かに現存していたが、その時点で解体されて滅失してしまっており、新宿歴史博物館で見られる５００１は、そのレプリカなのであった。

もしこのとき、５００１を解体せずに修復という形が選ばれていたなら、あるいは新宿歴史博物館に展示ということにも繋がったかもしれなかったのだが、残念ながらそれは叶わなかった。

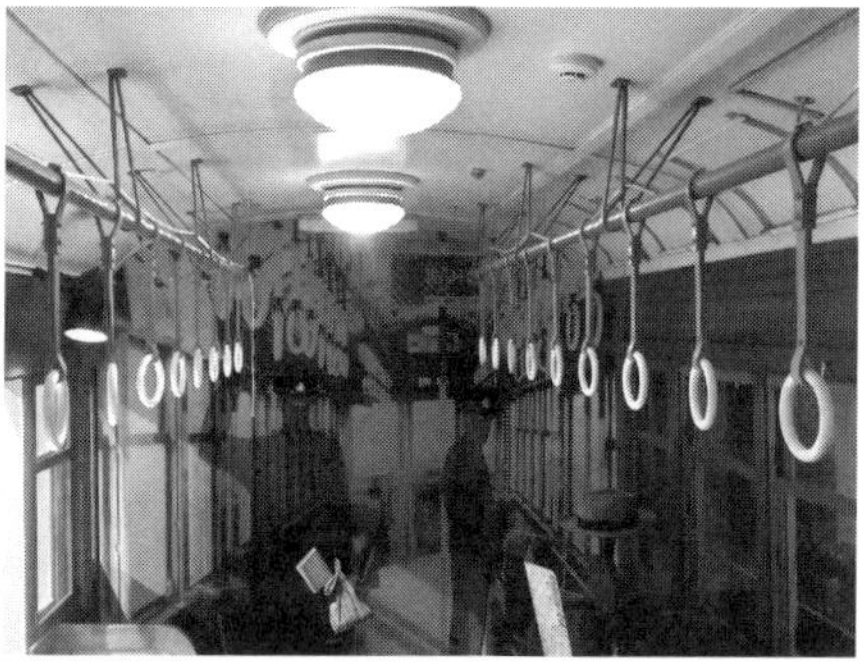

当時としては最大級の収容力を誇ったが、現代の視点から見てみると、これで都心のラッシュがさばけたことはむしろ驚きだった

レプリカには5000形の形見が

なぜ、現存しないはずの5001が新宿歴史博物館に展示されているのかという「謎」の解は、レプリカが製作されたことによって、その姿を再び見る事ができるようになった、というものであった。

数多くあった都電の形式の中でも、特に5000形は、新宿駅系統に特化して運用されており、戦前から、戦時中、そして戦後までを走り続け、新宿区の移り変わりをずっと見続けた存在であったので、レプリカのモデルとしての抜擢にはぴったりであった。

このレプリカには、ある5000形の形見が使われている。それは、運転台に取り付けられたコントローラーだ。コントローラーは、車両の出力やスピードを調整する、いわば電車の頭脳に当たる部分で、運転手にとってはブレーキと並んで一番大切な装置だ。そのコントローラーが、5000形の廃車体の嫁ぎ先であった東京都小金井市の三和幼稚園から譲渡されたのだ。

5001の外観をじっくりと眺める

5001と初めて対面したとき、これが本当にレプリカなのかと驚いた。一部に実物部品を使っているという事前情報は得ていたが、本当はただの謙遜で、大半が実物なのではないかと勘繰ったほどだった。

なによりも、戦前の半鋼製電車の重厚さが見事に再現されていた。それを特に引き立てていたのが、丁寧に再現されたリベットの表情だった。そしてところどころに施された汚れや風化などのウェザリングが、さらにリアリティを高めていた。

車体前面の上部には集電装置であるトロリーポールが再現されていたが、1951年にはトロリーポールからビューゲルに交換されており、それ以前の姿を再現したことも伝わってきた。

車体前面の上部にある方向幕は、右から左へ「新宿驛」と書かれており、その右側には落成当初には見られた系統表示幕の小窓まで設けられていた。

この系統表示幕があまりに小さくて、乗客からは見えづらいと不評で、通常の系統板を使用するように改められた。系統表示幕の小窓はのちに埋められたので、そこまで細かく登場時の姿が再現されていることに思わず感嘆した。

レプリカを製作するに当たっては、東京都小金井市の三和幼稚園から譲渡された5000形の形見のコントローラーが取り付けられた

台車まで正確に再現

5001の正面から横へと回ると、往時の電停が再現され、この位置からは台車もしっかりと見ることができた。

この台車についても正確に再現されていた。5000形は、1930年に製造された十二両は、軸箱守式のD—12、1943年に製造された十二両はウイングばね式のD—14であったのだが、展示されている5001は、きちんと戦前グループのD—12を履いていた。ボルトの数まで正確に再現されており、どこにも隙はなかった。

車内の再現も秀逸

そして車内へと足を踏み入れた。天井に一列に設けられた灯具からは、柔らかな光が車内を照らし、木製の窓枠や、金属製の金具が鈍く反射している。車内の奥には往時の乗客の様子も再現され、様々な点で考証が重ねられたことが伝わってきた。

そしていよいよ運転台へと目を移した。その中央で存在感を示していたのが、コントローラーだった。マスター・コントローラー、略して「マスコン」と呼ばれることが多いのだが、人の手が頻繁に触れる部分は磨かれ、それ以外の金属の部分はくすんでいる感じが、歴史を感じさせた。

運転席の上部には、右から左に書かれた「日本車輛會社　昭和五年」の銘板が取り付けられ、その隣には東京都電が廃車された時まで使用されていたという、東京都交通局からの「お客さまにお願い」が設置されていた。「車内禁止の事項」の中には、「たんつばを吐くこと」が挙げられており、ここにも時代が感じられた。

車内にぶら下がる吊り革や、それを支える棒、さらに天井へと取り付ける金具なども精巧に造られ、本当にレプリカなのかと再び疑いたくなった。

レプリカだからこそできたこと

いっぽうで、レプリカだからこそできた点もあった。それは来館者が車内を見やすくなるように、ボディをダイナミックにカットしてあることだった。そのおかげで、通常ではまず見られない角度から、車内の様子を観察することができるようになっていた。もしこれが実物だったら、こんな大胆なカットは実現しなかったに違いない。

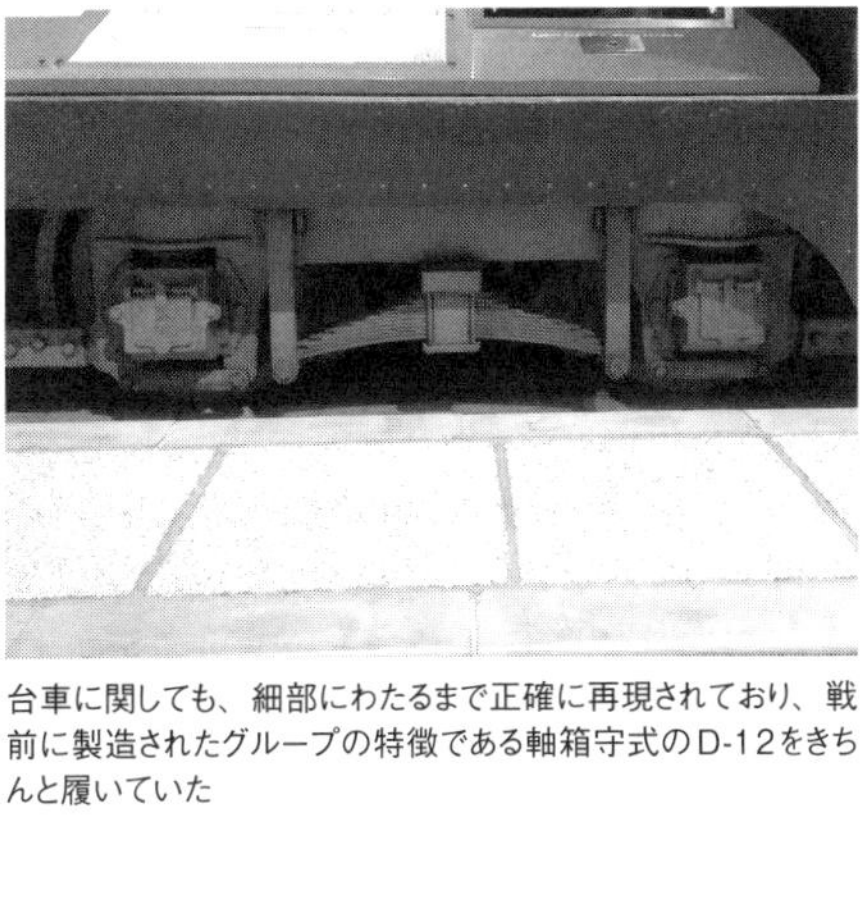
台車に関しても、細部にわたるまで正確に再現されており、戦前に製造されたグループの特徴である軸箱守式のD-12をきちんと履いていた

なぜ、深夜に火花を撒き散らしながら走る車両が存在するのか?（東京都）

終電もとっくに通過し終えたあとの午前2時13分、人通りもほとんど見当たらなくなった夜の静かな街に、火花を撒き散らしながら接近してくる車両の姿があった。

鉄道の沿線に住んでいたおかげで、予告なく現れた「謎」の車両に遭遇することができたわけだが、おどろおどろしさと、美しさを合わせ持った幻想的な車両のことは強く印象に残った。

いったいなぜ、深夜に火花を撒き散らしながら走る、このような車両が存在するのであろうか。

その正体は「レール削正車」

火花を撒き散らしながら走る「謎」の車両の正体は、「レール削正車」と呼ばれる大型の保線機械だった。高速で回転する砥石を備え、レールの細かな傷や割れを取り除く作業をしている。

その砥石は「削正ユニット」と呼ばれ、そのユニットの角度を変化させることで、正確にレールを削正することが可能となっている。

この削正作業を行うことで、列車の走行音を低減し、レールの寿命を延ばすことが可能となり、軌道保守費の縮減に繋がっている。

レール削正の主な目的

軌道整備の中でも非常に重要とされるレール削正は、「波状摩耗」と「疲労層」の除去が主な目的となっている。

波状摩耗とは、列車が繰り返し通過するうちに発生する、レール頭頂面の細かな凹凸のことで、これを放置すると、車両や軌道へのダメージ、騒音や振動の発生、乗り心地の悪化に繋がる。

疲労層とは、やはり列車が繰り返し通過するうちに、その重量によって受ける負荷で発生する現象のことで、「シェリング」と呼ばれる貝殻状の損傷や、剥離損傷を発生させる原因となり、これらを放置するとレールの破断に繋がる恐れもある。

こうした波状摩耗や疲労層の発生は繰り返し持続的に起こるため、定期的なレール削正が必要となってくる。

これまで私が気付かなかっただけで、深夜にはこうしたレール削正の作業が繰り返し行われていたのだった。

終電も通過し終えた深夜に、火花を撒き散らしながら接近してくる謎の車両に遭遇した。重要な軌道整備を担うレール削正車だった

複数回が必要なレール削正

ある区間を、レール削正車が通過して削正作業を行うことを、片道あたり「一パス」と呼んでいるが、〇・〇一ミリ単位での調整が可能で、レールの状態や、削正目的によって、何パスまで実施するかを決定する。

例えば、波状摩耗の削正には十二パス、疲労層の除去には六パス、といった具合だ。

レール削正車が作業を行うスピードは時速四キロ程度であるため、パスの数が多い場合には、削正作業が行える距離は必然的に短くなる。

高速走行になるほど重要度が増す

列車が高速走行を行う場合ほど、レール削正の重要度はより増すことになる。在来線よりも、新幹線のほうがより高いレベルでのレール削正が必要となり、新幹線の場合でも、最高速度によっても整備目標値が変わってくる。

青函トンネル内を例に挙げると、新幹線が時速一四〇キロで走行する場合には、整備が必要となる波状摩耗の高さは〇・五ミリとされているが、これが時速二一〇キロ以上で走行する場合には〇・二ミリと厳しくなる。

列車が高速走行を行う場合ほど、レールの状態が走行に与える影響が大きくなりそうなことは直感的にも理解できるが、それが〇・一ミリ単位で規定されていることには驚いてしまった。

困難を極める青函トンネルのケース

世界最長の海底トンネルである全長約五十四キロの青函トンネルを含む、約八十二キロの青函共用走行区間では、レール削正はさらに困難を極める。

その理由はいくつもあるが、まず第一に、保守基地同士の距離が非常に長いことが挙げられる。

この区間における保守基地は、奥津軽と、木古内に設けられているが、両者間の距離はおよそ七十五キロもあり、他の新幹線における保守基地間の距離の倍ほどになっている。

このため、青函トンネル内の竜飛と吉岡の二カ所に、他の保守用車とともにレール削正車を一時的に留置するための「横取基地」が設けられている。

ただ、それは一時的な留置場所であり、保線機械の整備のためには保守基地まで戻る必要があるのだ。

世界最長の海底トンネルである青函トンネルの保守を担う奥津軽保守基地。右側に留置されているのは24頭式レール削正車のRR24 M10

遠くなるほど削正距離が短くなる

保守基地からの距離が遠くなるほど、削正作業の目標地点に到達するのに時間が掛かり、その結果、削正距離が短くなってしまう。その原因の一つとなっているのが、レール削正車の回送時における速度の低さで、時速約三十五キロに留まるため、たとえば保守基地から四キロ先が目標地点の場合は、約三〇〇メートルの削正ができるのに対し、八キロ先が目標地点の場合になると、削正距離が約一〇〇メートルにまで短くなってしまう。

回送時間のほかに、保守基地への出入りに約二〇分、削正の準備作業に約一時間を要するため、削正に掛けられる時間は限られたものとなってしまう。

夜間の保守間合いが短い！

青函共用走行区間でレール削正が困難を極める第二の理由が、作業時間の短さだ。この区間では、高速で走行する新幹線に加えて、本州と北海道を結ぶ貨物列車も高頻度で走っているため、保守作業を行うことのできる夜間の間合いは、通常の場合でも二時間半ほどしか確保できないのだという。

三線軌条のため作業量も増える

そして青函共用走行区間でレール削正が困難を極める第三の理由は、在来線の狭軌用レールと、新幹線の標準軌用レール、共用レールの合わせて三本があるため、在来線単独や、新幹線単独の区間と比べると、それだけで単純に作業量が一・五倍に増加するのだ。

さらに、狭軌用レールと標準軌用レールとの間が狭く、見通しが良くないため、支障物などが無いかの確認作業も必要となってくる。

海底トンネルならではの宿命

さらに青函共用走行区間でレール削正が困難を極める第四の理由が、海底トンネルならではの悩みである塩分の影響だ。

上下線の線路の間や、線路の外側には作業用の通路が設けられており、そこに塩分を含んだ漏水が溜まりやすく、列車が通過する際に、塩分を含んだ漏水が巻き上げられ、レールに付着してしまうのだ。その結果、一般的な山岳トンネルでは見られないような著しい腐食を生んでしまうという。

青函共用走行区間でレール削正が困難を極めるのは、三線軌条となっていることも理由の一つで、作業量も通常の1.5倍に増加する

保守作業時間は欲しいが…

安全な走行のためには、レール削正は欠かすことのできない大切な作業であるのだが、いっぽうで、青函共用走区間のように、保守作業時間の確保が困難なケースも存在する。

当然、保守作業時間の拡大をめざして様々な検討が重ねられてきたわけだが、仮に保守作業時間を拡大すると、本州から北海道向けの貨物列車の到着時刻が遅くなり、たとえば道東の帯広などでは雑誌や書籍の発売日が一日遅れるなどの影響が想定された。

逆に北海道から本州向けの貨物列車の到着時刻が遅くなることで、野菜類の市場における締め切り時間に間に合わなくなるケースが想定された。

レール削正などの保守作業時間の確保は行いたい、しかし、その影響も大きく、なかなか簡単にはいかないのが実情のようだ。

果てしなく続く削正作業

このように、乗客の私たちには見えないところで、限られた保守作業時間をフル活用して、地道な削正作業が続けられているのだが、青函共用走行区間の場合、前述のとおりで約八十二キロもあるため、その完遂には途方もない時間を要することになる。加えて、塩害などの影響もあるため、削正作業は通常以上の困難さを伴って、これからも果てしなく続いていくのだ。

さまざまなレール削正車が活躍

レール削正車には、回転する砥石が取り付けられ、レール頭頂部の断面形状に合わせて削正作業を行うのだが、そのレール削正車には、大きく分けて新幹線用と在来線用が存在する。それぞれに多様なタイプがあり、それらを分類するのに、装着している砥石の数が指標として使われている。

たとえば、新幹線用のレール削正車では、「24頭式」、「16頭式」など、在来線用のレール削正車では、「10頭式」、「6頭式」、「4頭式」などがある。また、砥石の位置をスライドさせることにより、新幹線用にも、在来線用にも対応できるレール削正車も存在する。

日中は保守基地で昼寝をしていることが多いレール削正車であるが、深夜にしかできない作業の本番では、目覚ましい活躍をしているのだった。

レール削正車には様々なタイプがある。写真は2015年にJR九州の在来線に導入された、スペノ製の8頭式レール削正車であるMINI 8 M-15

なぜ、ずっとシートに覆われたままの車両が存在しているのか？（東京都）

　東京都中野区の「中野車両基地」は、東京メトロ丸ノ内線そして銀座線の車両の整備を担う大規模な施設で、中野検車区と中野工場から成り立っている。その敷地面積はおよそ五五、〇〇〇平方メートルを誇っており、敷地の南端を東西に横切る都道14号線、通称「方南通り」からは、ズラリと並んだ丸ノ内線の車両を眺めることができる。

　その広大な車両基地の片隅に、ずっとシートに覆われたままの「謎」の車両が存在している。なぜ、この位置を動かないまま、長らく留め置かれているのであろうか。

シートの中身は里帰りした車両！

　そのシートの中身は、地球の裏側に当たる南米のアルゼンチンから、はるばる日本へと里帰りを果たした、丸ノ内線５００形の四両のうちの一両であった。

　５００形は、１９９５年まで丸ノ内線で活躍していたが、日本での活躍を終えたのちは、３００形や９００形を加えた総勢一三一両の大集団となって海を渡り、アルゼンチンのブエノスアイレスでの再就職を果たした。

　ブエノスアイレスでは、一〇年以上にわたって丸ノ内線時代の塗装のまま、地下鉄のＢ線で活躍した。晩年は現地の標準カラーである黄色に塗り替えられた車両も登場したが、それ以降は老朽化に伴って引退する車両も続出するようになった。

　ブエノスアイレスで約二〇年にも及ぶ活躍を続けた５００形のうち、四両を譲り受けて、日本に里帰りさせる計画があることが明らかになったのは２０１６年のことで、同年7月11日には、５８４、７３４、７５２、７７１の四両が船で横浜市の大黒埠頭に到着、その後、同年7月21日と22日の二回に分けて、中野車両基地へと搬送された。

現地の港では三箇月の留め置き

　歴史的な電車が保存のために日本へ里帰りすると聞くと、なんだか牧歌的なイメージを抱いてしまいそうになるが、実際の現場はそんなメルヘンに包まれたものではなく、税関などの手続きで難渋したそうである。

基地の片隅でシートに覆われた車両は、地球の裏側に当たる南米のアルゼンチンから、2016年にはるばる日本まで里帰りした500形だった

税関などの手続きの間、約三箇月もアルゼンチンの港に留め置きを余儀なくされたそうで、その間に車体にはひどい落書きをされてしまい、塩害の影響も出てしまった。さらに車内では、密輸を防止するためだったのか、シートもところどころ外されていたという。現場での様々な調整と苦労を経て、ようやく５００形は日本へと帰ってきたのだった。

里帰りの目的の一つは技術伝承

開業当初からの丸ノ内線を象徴する「赤い電車」であるが、決して日本国内に保存車が無いわけではなく、東京都江戸川区の「地下鉄博物館」には、戦後初の地下鉄車両として登場した３００形のトップナンバー車が保存されており、後述するが、５００形も複数が国内に保存されている。

　それでも、はるばるアルゼンチンから四両の里帰りが実施された理由は、技術伝承のための教材とすることなどが目的で、動態での保存が目指されたからだった。

里帰りを果たした四両の運命

　里帰りを果たした車両の中には、前述のとおり、スプレーによるひどい落書きの被害を受けたものもあり、まずは車体の洗浄が行われた。

　復元に際しては、東京メトロの前身の営団時代に丸ノ内線の分岐線で走行していた５００形の三両編成の姿をイメージしたものとすることになり、その三両についても、それぞれにテーマが設定されることになった。

　具体的には、５８４をデビュー当時の姿に、そして７３４は引退時の姿に復元し、７７１はアルゼンチンで活躍していた当時の姿で維持することに決定した。

　とりわけ５８４に関しては、扉の窓をデビュー当時の原型である大型のものに戻したり、行先表示幕を初期のものに復元したりするなど、かなり力の入ったものとなった。

　いっぽう、他の三両とともに里帰りを果たした７５２に関しては、部品取りなどに活用する予備車の扱いとなったため、すっぽりとシートに覆われて保管されることになった。

　これこそが、中野車両基地の片隅でずっとシートに覆われたままになっている「謎」の車両の正体だったのだ。

丸ノ内線と言えば「赤い電車」であるが、その元祖である300形のトップナンバー車が東京都江戸川区の地下鉄博物館に展示されている

三両が動く姿を披露

２０１６年７月の里帰りから一年と少しが経過した２０１７年11月27日には、整備を終えた三両が報道陣に公開され、同年12月10日には、日本の地下鉄開通九〇周年を記念したイベントの一つとして、抽選で選ばれた一八〇名が中野車両基地に招待され、動態で保存された姿が披露された。

このイベントでは丸ノ内線の02系や、銀座線の01系、１０００系と並べて展示され、招待客を大いに喜ばせた。

「赤い電車」シリーズの特徴

１９５４年の開業以来、丸ノ内線の代名詞ともなって来た「赤い電車」であるが、その第一陣となったのが前述の３００形で、当時としては先駆的な駆動システムや電磁直通ブレーキ、両開きドアなどを本格的に採り入れていた。

それらに加えて大きなインパクトを与えたのが、真っ赤な車体に白い帯、そしてサインカーブを思わせるステンレス製の装飾だった。子供向けの図鑑などにも、最新鋭の地下鉄電車として必ず紹介され、全国の子供たちの憧れの的となった。

３００形は合計三〇両が製造され、その増備車で約五トンの軽量化を実現した４００形は三十八両が製造された。さらに片運転台に改められた５００形は計二三四両が製造され、このシリーズではラストとなる、中間車専用の９００形が十八両製造され、ピーク時の合計両数は三二〇両に達した。

１９５４年に運用が開始されて以来、増備車を加えながら活躍を続けたが、１９９５年２月28日に本線での運用を終了、１９９６年７月18日には分岐線での運用も終了となった。

かつての仲間たちはいま

三二〇両を数えた仲間のうち、アルゼンチンに渡った仲間の中には、現地での引退後にフードコートで活用された車両があるほか、活用の予定で移設されたものの、計画が頓挫して野晒しになっている車両もあるようだ。

日本国内でも、民間に譲渡された車両が多数存在するが、その後に解体されてしまったものもある。あるときなどは、健在ぶりを見ようと訪れたものの、解体されてドアしか残っていなかった、などといったこともあった。

大きな屋根に守られた６５２

１９９２年には、営団五〇周年記念事業として、６５２が東京都八王子市に無償譲渡され、当初は京王堀之内駅前の「長池街づくり館」に設置された。２０００年12月には「八王子市こども科学館」へと移設され、その後に車両全体を覆う大きな屋根が架けられた。

６５２には「流星号」の愛称が付けられ、土休日や学校の長期休暇日には車内の公開が行われている。

　民間で保存された仲間が劣化により解体されていく中で、2016年から2017年にかけてのリニューアル工事に合わせて、652も再塗装が行われ、美しい姿を取り戻した。

　車内も現役当時をそのままに保っており、当時の広告などもあちこちに残っている。まだ西新宿駅が開業する前の路線図や、営団地下鉄時代のロゴマークなども見ることができた。

652は八王子市こども科学館に保存されている。車内は現役当時のままで保たれており、当時の路線図や広告なども見ることができる

池袋の街に保存された685

　営団五〇周年記念事業では、もう一両、685が東京都豊島区の「東京交通短期大学」に無償譲渡された。東京交通短期大学は、日本で唯一の運輸科を持つ交通・観光・流通業界への登竜門として知られ、授業の中で685が活用される場面もあるという。

　2020年には旧校舎が取り壊され、その後に新校舎が建てられたが、その際には建物の下にすっぽりと収まるスペースが確保され、道行く人たちからもその姿が見えるようになっている。

　丸ノ内線にとって池袋は発祥地であり、その池袋の街で500形が大切に保存されているのは嬉しい限りだ。

ときに、「謎」は謎のままで

　2016年に里帰りを果たしたものの、ずっとシートに覆われたままで基地に留置されている752に関して、公式に明らかにされている今後の計画というものは何もなく、現在のところは「謎」である。

　もちろん、気になるところではあるのだが、ときに、「謎」は謎のままで、そっと見守るだけにしておいたほうが良い場面もあろう。

　私もときどき、フェンス越しに752の無事を見届けに行っては、いつか幸運な出番が回ってくることをそっと祈っている。

752は部品取りなどが目的であるため、これからもシートに覆われた状態が続きそうであるが、その先で出番があることを期待したい

なぜ、「フリーゲージトレイン」は実用化されていないのか？（愛媛県）

愛媛県西条市の「四国鉄道文化館」の南館の前には、あまり馴染みのない、しかしとても魅力的な容姿の電車が展示されている。

そばには解説板が設置され、「軌間可変電車　フリーゲージトレイン第二次試験車　GCT01—201」であることの紹介と、新幹線と在来線との直通運転を可能とするべく開発された電車であることが説明されていた。

しかしながら、フリーゲージトレイン（以下、FGT）の実用化が検討されていた九州新幹線西九州ルートへの導入が、2018年7月に断念され、新幹線と在来線との直通運転が実現する見通しは立っていない。なぜ、巨費を投じたFGTは実用化されないままとなっているのであろうか。

FGTとは？

FGTとは、日本においては、軌間が一四三五ミリの標準軌の新幹線と、一〇六七ミリの狭軌の在来線との直通運転が可能な電車のことで、これが実用化されれば、乗り換えなしで新幹線から様々な方面へのネットワークが拡充することから、長年にわたって研究が続けられてきた。

1994年から台車や軌間変換の基礎技術開発が始められ、1998年には早くも第一次試験車両が登場した。国内での走行試験のほか、アメリカの実験線に持ち込んだ高速耐久試験も実施、最高速度は二四六キロを記録した。

そして2003年からは第二次試験車両の開発に着手され、2007年からはJR九州の在来線で走行試験が開始された。2010年には軌間可変機構などの技術が確立したと評価され、2011年からは舞台をJR四国に移して試験走行が開始された。そして2014年には国土交通省の技術評価委員会により、基本的な耐久性能の確保にめどがついたとして、実用化に向けた最終段階に入ることとなった。

2014年には、第三次試験車両が報道公開された。実用化に向けた軽量化が行われた結果、東海道新幹線のN700系とほぼ同等の約四十三トンという重量を実現、FGTの大きな課題であった重量という点も克服した。

四国鉄道文化館に保存されているフリーゲージトレイン第2次試験車のGCT01-201。2007年に製造され、2011年からは四国で試験走行を行った

二十二年の歳月と五五〇億円の予算

第三次試験車による走行試験が２０１４年４月20日に熊本県内で開始され、三年かけて新幹線から軌間変換を経て在来線へと走行する耐久走行試験が六〇万キロにわたって実施されることとなった。ところが、試験開始から約八カ月、約三三、〇〇〇キロを走行したところで、軸受の一部に欠損が見つかり、軸受と車軸の接触部にも摩耗が見つかったため、走行試験が見合されることになった。

２０１６年12月３日には、改良した部品を装着して走行試験が開始されたが、それでも車軸に摩耗が見つかってしまった。

２０１７年７月14日、国土交通省から、九州新幹線西九州ルートの開業時にはＦＧＴの導入が間に合わないことが発表された。ただ、車軸の摩耗は、従来の一〇〇分の一まで軽減されていた。同年７月25日には、ＪＲ九州の社長からも、九州新幹線西九州ルートへのＦＧＴの導入を断念するとの発表があった。

２０１８年８月27日には、導入が検討されていたもう一つのケースであった北陸新幹線でも、ＦＧＴの導入を断念すると国土交通省が発表した。これで、１９９７年から２０１８年度までの二十二年間にわたって、およそ五五〇億円の予算を投じて行われたＦＧＴの開発は、新幹線への導入を断念するという結末で終わってしまった。

ＦＧＴの大きな課題は収支採算性

第三次試験車では、台車の改良により、課題となっていた車軸の摩耗は、前述のとおり従来の一〇〇分の一まで軽減されていた。

ただ、ＦＧＴの導入断念の背景には、こうした技術的側面だけでなく、経済的側面も大きく影響していた。当時の発表によれば、ＦＧＴは「一般の新幹線より車両関連費が二倍前後かかり、全面導入すればＪＲにとっては年間約五〇億円の負担増につながる」と試算されたため、「前提である収支採算性が成り立たない」と説明された。

なぜ、フリーゲージトレインは実用化されていないのかという「謎」の解は、あとわずかな車軸の摩耗という技術的課題と、収支採算性という経済的課題を解決できなかったことにあった。

開発には約22年の歳月と約550億円の予算が投じられたが、新幹線から在来線への直通という夢は断念という結末に終わってしまった

FGTの導入断念が生んだ波紋

九州新幹線西九州ルートへのFGTの導入断念で、もっとも大きな波紋が生じたのが佐賀県においてであった。

FGTの導入を前提に計画を進めてきたものが、その断念をきっかけに、「全線フル規格」という案が急浮上してきたからだ。

佐賀県にとっての最大の懸念は、その建設費の負担だ。当時で約五三〇〇億円と見積もられた建設費のうち、JRが支払う線路使用料を除いた額の三分の一が、佐賀県の負担となるからだ。佐賀県の場合、九州一の繁華街を擁する福岡県までの距離が短く、現状の在来線特急でも、博多駅～佐賀駅は四〇分前後、フル規格の新幹線ができても、時間短縮の効果は十五分程度と見積もられている。費用対効果の点で考えても、佐賀県で波紋が起きたのは当然の結果と言えた。

中国に先を越されたFGTの開発

前述のとおり、日本では1997年から二十二年間にわたってFGTの開発に取り組んだ末、2018年に断念という結果に終わったが、中国では、2016年頃からFGTの開発に乗り出し、およそ四年後の2020年には早くも試作車を完成させた。

試作車の設計最高速度は時速四〇〇キロで、ロシアなど近隣諸国すべての電化方式に対応した複電圧仕様となっている。

中国国内の鉄道網は大半が一四三五ミリ軌間の標準軌を採用しているが、ロシアでは大半で一五二〇ミリ軌間が採用され、両国間を行き交う国際列車の場合、台車の交換に数時間を要しているという。この国際列車にFGTを投入できれば、大幅な時間短縮が実現するというわけだ。

これ以外にも、一六七六ミリ軌間を採用しているインドやパキスタン、バングラデシュなどの近隣諸国へも、FGTならば直通することが可能となる。FGTは、国際列車の在り方を変えてしまうほどのポテンシャルを持ち合わせているのだ。

なお、中国での開発に投じられた予算は約五五〇〇億円とも報じられており、日本でFGTに投じられた約五五〇億円の実に一〇倍であることからも、その意気込みが伝わってくる。

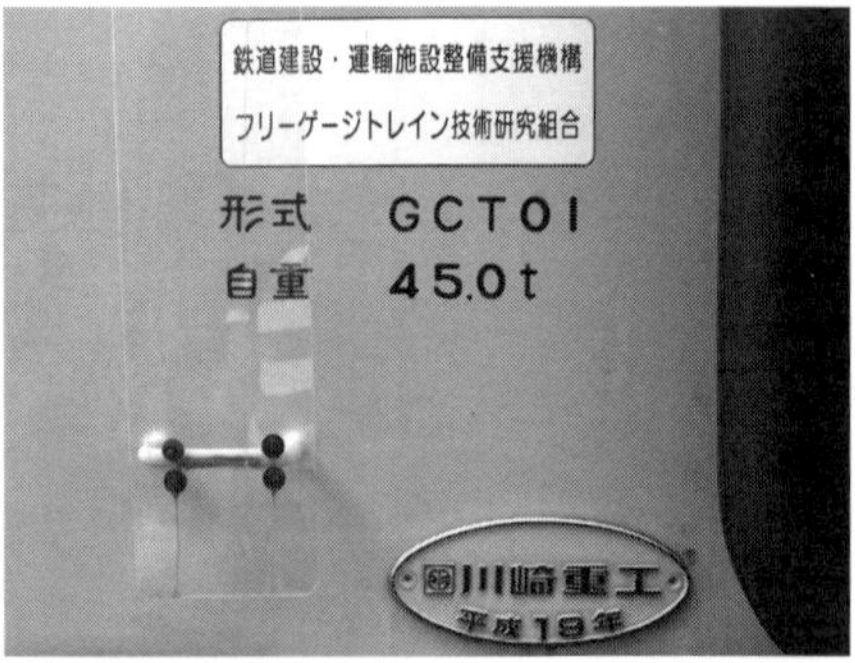

軌間可変機構などの技術は確立したと評価されており、課題の重量についても第2次試験車は45トンだったが、さらなる軽量化が実現した

新幹線以外では活路も

新幹線と在来線を直通するという構想はひとまず断念されたＦＧＴであるが、新幹線ほどの高速走行を行わない国内の私鉄においては、ＦＧＴの実現を目指す動きがある。

近畿日本鉄道では、京都・橿原線と吉野線で軌間が異なることから、ＦＧＴの導入による直通運転を検討している。ほかにも、東急電鉄蒲田駅と京急蒲田駅、さらには羽田空港までを直結する構想の「蒲蒲線」でも、ＦＧＴの導入が検討されている。

ＦＧＴをもう一度見直しては？

さて、ＦＧＴの導入が断念された九州新幹線西九州ルートでは、２０２２年9月23日に武雄温泉駅〜長崎駅間が開業した。ただ、新鳥栖駅〜武雄温泉駅間についてはルートも整備方式も決まらず、着工に至らない状況が続いている。

この問題を複雑にしているのは、２０１２年に諫早駅〜長崎駅間が着工された理由が、ＦＧＴを導入するという方針が決まったことにあったからだ。その前提が崩れてしまったために、議論が膠着状態に陥ってしまっている。

ならば、ただ時間が過ぎていくのを見守るのではなく、原点に立ち返って、ＦＧＴの導入を目指し、問題点の洗い出しを行うことはどうなのだろう。

ＦＧＴの技術にはさまざまな利点

九州新幹線西九州ルートでＦＧＴの導入が見送られた理由は、開業のタイミングまでに営業用車両の完成が間に合わないという点に加え、全面導入した場合のＪＲの負担増が年間約五〇億円に達するという、メンテナンスコストの増大という点にあった。

前者に関しては、すでに開業を果たしたあとなので、営業用車両の完成に時間的な制約は存在しない。そして、後者に関しては、ＦＧＴを全面導入するのではなく、技術開発を目的とした一部導入に留め、費用に関しても、国に積極的な関与を求めることでクリアできる部分もあると考えられる。

ＦＧＴが技術的に確立すれば、過去に構想のあった、秋田新幹線の能代延伸や弘前延伸、北海道新幹線の道東延伸や苫小牧延伸などにも光が差してくる。国際競争力の保持という点でも有用となってくるのではないだろうか。

2022年9月23日には武雄温泉駅～長崎駅間で新幹線が開業した。新鳥栖駅～武雄温泉間についてはFGTの導入も再検討してはどうだろう

なぜ、「50系客車」はこれほどまでに薄い存在感で終わったのか？（高知県）

　1977年から1982年にかけて、系列全体で九五三両もの車両が製造されていながら、大多数が短い期間で活躍を終えてしまい、薄い存在感のままで消滅寸前となっている客車群が存在する。

　その客車群とは、「50系客車」のことだ。系列の中には荷物車のマニ50形も存在するが、もっとも短命だった車両に至っては、わずか四年半ほどで廃車となってしまった。

　登場時にはそれなりのインパクトがあったはずなのに、なぜ、50系客車はこれほどまでに薄い存在感のままで消滅寸前となっているのだろうか。

登場時には輝いて見えた！

　50系客車が登場した1977年の当時は、まだ各地の普通列車に「旧形客車」が使われていた頃で、戦前に製造されて車齢が五〇年近くに達した車両も当たり前のように走っていた。

　そうした旧形客車は内装の多くが木製で、ニスが塗り重ねられた結果、空間全体が濃い焦げ茶色に支配され、夜などは天井に一列に並んだ白熱灯がほのかな光で車内を照らすだけで、古色蒼然とした雰囲気が立ち込めていた。

　そこまで古い客車だと、むしろノスタルジーが感じられて、私などは好きだったが、トイレや洗面台には長年の落ちない汚れがこびり付き、とても清潔と言える雰囲気ではなく、日常的に利用する乗客からは不評であった。

　そこに50系客車が颯爽と登場したときには、眩しいほどに輝いて見えた。それは誇張ではなく、網棚や窓枠、座席の取っ手などに金属が多用されていたため、本当に輝いていたのだ。天井の照明も蛍光灯が二列で装備された。明るくて清潔な車内は、旧形客車から比べれば、まさに革命的と言えた。

　本州以南の普通列車用として製造されたオハ50系と、北海道向けのオハ51系は、外観が赤二号に塗られたため、「レッドトレイン」の愛称で呼ばれ、乗客たちからも好評のうちに迎えられた。最終的に中間車のオハ50形は三三五両、オハ51形は六十二両、車掌室を備えたオハフ50形は四八八両、オハフ51形は六十八両が製造されるに至った。

50系客車は、それまで普通列車に使われていた旧形客車と比べ格段のサービスアップになった。写真は上山田線で活躍していた当時の姿

老朽化が深刻だった荷物車も一新！

普通列車に使われていた旧形客車の老朽化も深刻だったが、荷物車の老朽化もさらに深刻だった。旧二等車などを改造した荷物車や、木造客車を鋼体化した荷物車が使われていたが、車体などには明らかに疲れが滲んでいた。

そうした老朽荷物車が、爽やかなブルーをまとったマニ50形や、郵便室を備えたスユニ50形に置き換えられ、面目を一新したように見えた。

その後に不運が続いた50系客車

50系客車が登場した当時は、自動ドアが非装備で老朽化の進む旧形客車の置き換えが急務であり、その意味では大きな役割を果たしたと言えた。

貨物輸送の衰退で余剰となりつつあった機関車を有効活用できる点でも、また労働組合が求めていた客車列車の運行継続に沿うという点でも、50系客車の登場は理にかなっていた。

しかし、50系客車にとって不運だったのは、急速に客車列車を取り巻く環境が変化したことだった。

客車列車のメリットは、荷物車や郵便車を一緒に連結できることだったが、1986年を最後に荷物輸送も郵便輸送も廃止されてしまった。

さらには、ダイヤ改正のたびに、特急列車への格上げや列車の廃止で余剰となった急行形の電車や気動車が、普通列車に転用されたことだった。さらには、特急形寝台電車の改造車までが普通列車に投入された。それらを使用して、短編成で高頻度の運転が行われるようになると、50系客車はますます活躍の場を狭められることになった。

決定的な弱点となった「非冷房」

50系客車が置き換えを行った旧形客車は、もともと冷房が付いていなかったため、大きな問題とはならなかったが、元特急用や元急行用の冷房車が普通列車に多く使用されるようになると、途端に非冷房の50系客車は見劣りするようになった。とりわけ朝夕しか使われなくなったケースでは、それが顕著だった。雨の侵入を防ぐため、日中は窓を閉め切った状態で留置されたのだが、夏季の晴れた日などは車内が高温になった。冷房がないため、灼熱状態のままで夕方の運用に入ることになり、乗客からの苦情が絶えなかった。

解体待ちで各地の駅に列を成す

国鉄分割民営化を乗り越えた50系客車であったが、その後はダイヤ改正のたびに余剰車があふれ出す状況となり、各地の駅や車両基地には、色が褪せてピンク色になった50系客車が列を成して留置されるようになった。

そして1992年には、早くもＪＲ西日本とＪＲ四国の管内で50系客車の定期運用が消滅してしまった。まだ製造から一〇年前後しか経過しておらず、あまりにも早い失職であったが、大半はそのまま解体となり、屑鉄と化してしまった。

製造からまだ10年前後しか経過していない50系客車だったが、解体待ちで当時の鷹取工場の横に並んだ姿を見たときは寂しかった

その後も、1996年にJR東日本の管内から消滅、2001年にはJR九州の管内からも消滅した。最後の砦となっていた津軽海峡線でも、2002年に快速「海峡」の運転が終了し、JR各社における50系客車の定期運用がついに終了してしまった。

なぜ、50系客車はこれほどまでに薄い存在感で終わったのかという「謎」の解は、登場からわずかな期間で環境が激変し、非冷房という弱点も重なって、活躍期間が短かったことにあった。

SL列車で生き長らえる!

存在感が薄かった50系客車であるが、国内で唯一、原型に近い姿で旅客営業に供されているのが、茨城県筑西市と栃木県茂木町とを結ぶ「真岡鐵道」で、蒸気機関車が牽引する「SLもおか」号の客車として使われている。

在籍している50系客車は合わせて三両で、移籍前はJR東日本の上沼垂運転区（現・新潟車両センター）に所属し、磐越西線などで活躍していた。

真岡鐵道ではオハ50 11（旧番号・オハ50 2198）、オハ50 22（旧番号・オハ50 2039）、オハフ50 33（旧番号・オハフ50 2054）と付番され、SL列車のイメージにマッチするよう、かつての旧形客車がまとっていたのと同じ「ぶどう二号」という渋いカラーリングに塗り直された。

「SLもおか」号で30年にわたって活躍を続ける3両の50系客車。この中で注目なのが左端のオハ50 11で、旧番号はオハ50 2198だった

真岡鐵道に譲渡されたのが1993年のことで、SL列車の運行開始が1994年であるから、すでにこの地で三〇年に及ぶ活躍を続けていることになる。上沼垂運転区で活躍した期間より倍以上も長くなっているわけだ。

オハ50 22とオハフ50 33は、1978年に新潟鐵工所で製造されており、あと少しで車齢は五〇年に達する。姿を消していった多くの仲間たちも、活躍の場さえあれば、もっと長く頑張れたはずだったことが惜しまれる。

さまざまな改造車のベースに

普通列車用としては薄い存在感で終わってしまった50系客車であったが、本来の用途の終了後に、さまざまな改造車のベースとして活用された。

その代表格がディーゼルカーで、JR西日本のキハ33形と、JR北海道のキハ141系が該当する。前者は二両のみに留まったが、後者では四タイプ合わせて四十四両もの改造車が誕生し、札幌都市圏を沿線に持つ学園都市線に投入された。同線では利用客の増加が著しく、輸送力の増強が喫緊の課題だったため、1990年から2012年まで運用が続けられた。

2012年の電化後には、室蘭本線・千歳線に転じた車両や、JR東日本に譲渡された車両、ミャンマー国鉄に譲渡された車両もあった。

2023年には室蘭本線での運用も終了したが、キハ141系の一部は、今度は観光列車「赤い星」「青い星」に再改造されることが発表されている。

建築限界測定車への改造事例も!

50系客車をベースにした改造の珍しい事例としては、建築限界測定車の「マヤ50　5001」がある。オハフ50　2301がベースとなっているが、ほとんどの窓が埋められ、さまざまな角度で検測窓が取り付けられている。すっかり近未来的な姿に変わってしまっているが、妻面のあたりに往時の面影がわずかに残っている。

「オハ50　11」が2両いる?!

国内で50系客車を保存している事例は少なく、車内を一般公開している事例はさらに少ないが、高知県高知市の「わんぱーくこうち」では、オハ50　11が保存され、車内が休憩施設として開放されている。注目点は、ロングシートが拡大された珍しいタイプであることと、車番が「オハ50　11」であることだ。この車番は、なんと、「SLもおか」号の客車と同一であるのだ。

オリジナルの車番はこちらなのだが、これだけ数が少なくなった50系客車にあって、現在進行形で車番の重複が起こっているのも面白い。

高知県の「わんぱーくこうち」にもオハ50 11が保存されているが、こちらがオリジナル。車内はロングシートが拡大された珍しいタイプ

なぜ、宿泊が可能な「ブルートレイン」が存在しているのか？（熊本県）

「ブルートレイン」は、寝台特急列車として連なって走る客車が、ブルーに揃えられていたことから名付けられた愛称であったが、国内では次々と廃止されて姿を消し、現在では運転されているブルートレインというものは存在していない。

そのいっぽうで、現在でも宿泊が可能なブルートレインが存在している。なぜ、そのような夢のあることが実現しているのであろうか？

引退からおよそ一年でオープン

東京と九州を結ぶブルートレインは、１９５８年から運転が続けられていたが、２００９年3月のダイヤ改正で「はやぶさ」と「富士」が廃止されたことで、ついに消滅することとなった。

多くの人たちに惜しまれながら終止符を打った九州のブルートレインにいちはやく目を付け、「はやぶさ」などに使われていた寝台客車三両の入手に動いたのが、熊本県多良木町であった。

その三両とは、熊本車両センターに所属し、２０１０年3月5日に車籍が抹消されたオハネ15　6、オハネ15　２００３、スハネフ14　3であった。ＪＲ九州から購入した後は、往時の面影を極力残しながらリニューアルが施され、宿泊が可能な施設として２０１０年7月1日には早くもオープンにこぎ着けた。その名称も、まるで列車名を思わせるような、農山村交流施設「ブルートレインたらぎ」であった。

三車三様の活用法

三両は、それぞれに異なった活用スタイルとなった。オハネ15　6は、大部分の寝台が取り払われ、それによって生まれた広々とした空間を活用してコミュニティスペースとフロントになった。オハネ15　２００３は、現役時代に一人用個室「ソロ」に改造されていた姿がそのまま活用された。そしてスハネフ14　3は、「開放型」と呼ばれる、寝台車の原点に近い姿をそのまま留めた状態で宿泊に供されることになった。開放型の二段寝台は広さを感じさせないが、デビュー当時は三段寝台であったのだから、これでも広くなったほうなのであった。

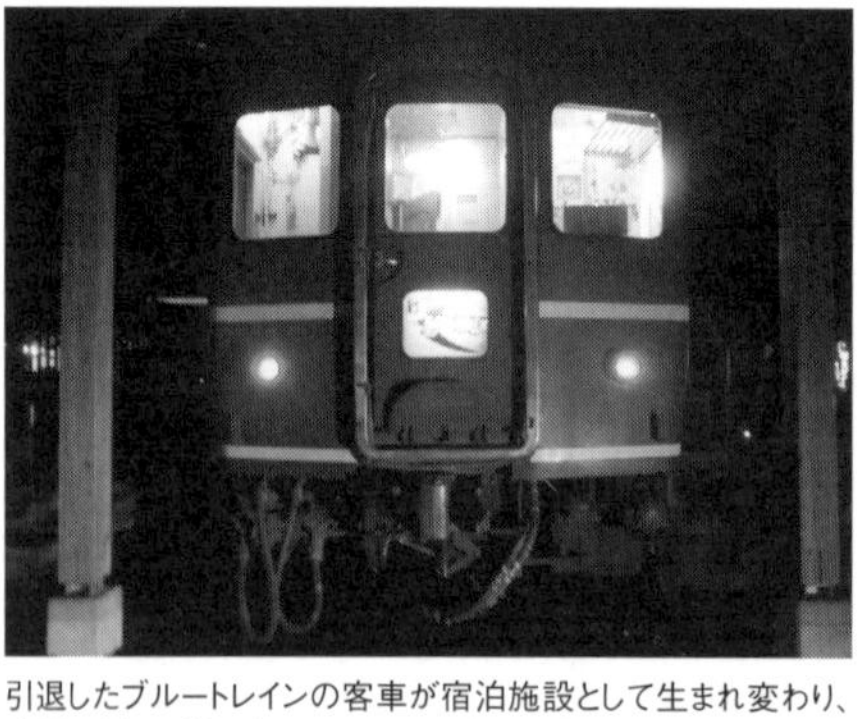

引退したブルートレインの客車が宿泊施設として生まれ変わり、夜間に浮かび上がるテールマークなどは現役さながらの雰囲気だった

まず驚いたのが再現性の高さ

なぜ、宿泊が可能なブルートレインが存在しているのかという「謎」についての解は、もうおわかりのとおり、引退後の寝台客車を自治体が購入してリニューアルを施し、恒久的な宿泊施設として提供しているからであった。

その「ブルートレインたらぎ」に実際に泊まってみたが、再現性の高さとロケーションの良さに感激した。

再現性というのは、車体の塗装から、寝台客車の車内までのことを指すのだが、現役時代のブルートレインの雰囲気が見事に保たれていたのだ。それは日が傾くにつれて、より色濃く現れた。「はやぶさ」のテールマークが明るく浮かび上がり、その両側に赤いテールライトが輝き始めると、もう現役当時と何も変わらない雰囲気だった。車内の通路も、天井のライトによって照らし出され、点灯すべきところがきちんと灯っているところでも、再現性の高さを感じさせた。

ロケーションの良さが抜群

そしてロケーションの良さというのが、くま川鉄道の線路のすぐ横に位置しているという点だった。時折、列車が通過してゆくシーンを眺めていると、なんだかこちらの寝台客車も、しばらく待っていれば発車するのではないかと妄想したくなるほどだった。

そして宿泊ともなると、外せない課題として浮上してくるのが入浴と洗面であるが、歩いてすぐのところには「えびすの湯」があり、宿泊者には無料入浴券が提供されることで課題がクリアされていた。現役当時のブルートレインに乗っているときよりも、入浴に関して言えば、むしろ快適と感じたほどだった。

線路端という雰囲気の点でも、入浴などの周辺環境の点でも、そのロケーションの良さを実感したのだった。洗面に関しても、「ソロ」に接続する形でトイレと洗面台が設けられており、設備面での不足は何も感じなかった。

オハネ14 2003の車内では通路の照明もきちんと点灯し、このシーンだけを見れば現役のブルートレインに乗車しているかのようだった

車両を宿泊施設にする苦労と工夫

「ブルートレインたらぎ」での快適な一夜を過ごし、明るくなってから改めて外観を観察したが、鉄道車両を宿泊施設として使うことへの苦労と工夫がいくつも見て取れた。

最大の工夫と言えるのが、設置当初から車両全体を覆う上屋が設けられている点だ。

各地で鉄道車両を保存、あるいは活用した場合、どんなに丁寧に塗装を行っても、数年後には錆との闘いが始まる。その苦労を考えると、最初に上屋を設けるという工夫はとても大切であり、オープンから十五年という節目を無事に迎えられたのも、そのおかげは大きいはずだ。

鉄道車両を宿泊施設として使う際には、建築基準法や消防法などの法令に伴うハードルもあり、それらをクリアするために、車体には通気口が設けられ、車内には煙探知装置や非常誘導灯の設置も行われていた。

こうして「ブルートレインたらぎ」で快適な一夜を過ごさせていただいたのも、数々の苦労を、様々な工夫によってクリアされた結果であり、それを思うと一層感慨深いものがあった。

長く継続することこそが難しい

「ブルートレインたらぎ」では、幸いなことに利用実績は堅調に推移しているとのことで、とても喜ばしいことであるが、これは決して簡単なことではない。

どこの施設でも、初めのうちは物珍しさとインパクトで多くのお客さんが押し寄せるが、やがてそうした需要が落ち着き、数年目に差し掛かってくると、塗装の傷みなど、メンテナンスの課題が浮かび上がってきて、そこで大きな転機を迎えることになる。

転機を乗り越えられなかった施設は、最終的には営業継続を断念することになり、そうした施設は各地に存在した。

「ブルートレインたらぎ」では、ふるさと納税の返礼品の一つに宿泊券を加えたほか、観光客に限定しない様々な需要の呼び込みを行うなどの工夫を行い、そうした転機を乗り越えてきた。

1人用個室「ソロ」はそのまま宿泊施設の個室として使われているが、そこには各種法令に適合するための様々な苦労が隠されていた

ブルートレインを復活させる夢？

ブルートレインがいよいよ九州からだけでなく、東北と北海道からも消えることになったとき、それを惜しんで、寝台客車を保存する取り組みが各地で相次ぎ、そのうちのいくつかは宿泊が可能な施設へと生まれ変わった。

この先、寝台客車が再び製造されることは無いだろうから、いま残されている車両がすべてということになる。

　それらの寝台客車を思い浮かべながら、ある夢について考えたことがある。それは、日本でも「プライベートカー」が実現しないだろうかという夢だ。

　海外、特にアメリカなどでは、プライベートカーを見かけることがたびたびある。アムトラックが運行する大陸横断列車の最後尾に、豪華なドームを備えたプライベートカーが連結されていることがあり、一般の乗客からの羨望の眼差しを集めることになる。

海外では、ツアー会社などが所有する「プライベートカー」が定期列車の最後尾に連結されることもあり、乗客たちから注目を集める

　もし日本で、ブルートレインの車両を使ったプライベートカーというものが実現できれば、北海道から九州まで、貸し切りで日本を一周することも夢ではなくなる。もちろん、いくらプライベートカーとはいっても、現実的には旅行会社などの法人が所有することになるのだろうけれど、その法人を通してオーダーメイドのプランが実現するとなれば、国内はもちろん、海外からも大きな注目を集める可能性がある。

客車をコンテナ列車に連結した実績

　仮にプライベートカーを実現することができたとして、では、連結する列車はどうするのかという課題が浮上してくる。それについては、日本を縦横無尽に走るコンテナ列車に連結するということも一案ではないかと思われる。過去に日本では、「マニ30形」という荷物車が存在し、実際にコンテナ列車に連結されて日本を縦断していた。

　このマニ30形というのは、日本銀行が所有していた現金輸送車で、その存在は公然の秘密となっていたという車両であったが、このマニ30形の事例で注目すべきは、車内には警備のための人員が乗車していたということだ。もちろん、マニ30形は特殊な例であり、それをもって、ただちにプライベートカーが乗客を伴った状態でコンテナ列車に連結が可能であると結論付けるのは早計ではあるけれど、それでも、まったく不可能な話でもないというヒントぐらいにはなるかもしれない。

　最後のブルートレインが２０１５年に国内から消え去って、まもなく一〇年。いまでも宿泊が可能なブルートレインが存在しているだけでも有り難いことであるが、せっかく車両が現存しているならば、海外から日本に富裕層が押し寄せている絶好のタイミングに、こんな夢を抱いてみるのもちょっと面白いかもしれない。

なぜ、鉄道の無い島に「京都市電」が存在しているのか？（鹿児島県）

九州と沖縄のほぼ中間に位置する「奄美大島」は、マングローブの原生林が残り、アマミノクロウサギが棲息することでも知られる、自然が豊かな島だ。2021年には世界自然遺産にも登録されている。

そんな奄美大島に、1961年まで京都市交通局（以下、京都市電）の北野線で活躍していた路面電車が保存されている。なぜ、電車が走ったことのない奄美大島に、京都市電が存在しているのであろうか。

奄美大島にある京都市電とは？

鹿児島県奄美市住用町に所在する「奄美アイランド」に保存されているのは、京都市電の「9（N59）」で、1961年7月31日に廃止となった京都市電の北野線で走っていた車両だ。

北野線は、その前身が京都電気鉄道という民営鉄道で、そのため京都市電の線路の幅とは異なって、軌間が一〇六七ミリの狭軌であった。1918年に京都市電に編入されたときには堀川線と呼ばれていたが、北野までの延伸後は北野線と呼ばれるようになった。

京都市電への編入後も軌間はそのままで、このため北野線で活躍していた車両は、京都市電の他の路線とは異なっていた。最晩年までトロリーポールを取り付けた、小型で古風な電車が活躍を続けたのだ。車番も、他路線の車両との重複を避けるため、狭軌を意味するナローの頭文字の「N」が冠されていた。このことから、「N電」の愛称で呼ばれることも多かった。

この「N」は1955年に外されて改番されたため、奄美アイランドの京都市電も、晩年が「9」であって、それ以前は「N59」と付番されていた。

奄美大島で過去に電気鉄道が敷設されたことはないが、島内の「奄美アイランド」には京都市交通局北野線の9（N59）が存在している

引退後も人気を博したＮ電

N電は全長が約八・三メートル、幅が約二メートルと小型で、しかも北野線が、前述のとおり、その前身が京都電気鉄道であったことから、引退後もその廃車体が欲しいと引く手あまたの状態であった。京都電気鉄道が、日本で最初に営業を行った電気鉄道であったことから、その流れをくむN電にも人気が集まったというわけだ。

北野線の廃止から六〇年以上が経過するが、海外も含め十一両のN電が現存している。

・1（N112）：大阪府交野市・ハピネスパーク交野霊園
・2（N52）：京都府京都市・平安神宮神苑
・5（N55）：大阪府高槻市・明治製菓大阪工場
・8（N58）：愛知県犬山市・博物館明治村
・9（N59）：鹿児島県奄美市・奄美アイランド
・15（N115）：愛知県犬山市・博物館明治村
・19（N119）：米国カリフォルニア州・南カリフォルニア鉄道博物館
・21（N121）：京都府京都市・京都カトリック信愛幼稚園
・23（N133）：大阪府和泉市・ハピネスパーク千年オリーブの森　堺・和泉
・27（N127）：京都府京都市・梅小路公園
・28（N128）：京都府京都市・北阪ビル

驚くべきことに、このうちの四両が動態保存となっており、愛知県犬山市の博物館明治村では、製造から一一〇年を超える二両が、来場者を乗せて村内を走っている。両端の駅では、昔ながらの方法でトロリーポールを反対側に付け替える作業も行われている。

1961年に廃止となった北野線の車両は11両が国内外で保存され、愛知県犬山市の博物館明治村では2両が運転可能な状態で保存されている

なぜ、京都市電が奄美大島に？

奄美アイランドの9（N59）は、現存する十一両のN電のうち、国内最南端に位置しているが、奄美大島に電気鉄道が敷設されたという歴史は無い。

では、電車が走ったことのない奄美大島に、なぜ、京都市電が存在するのかという「謎」の解は、もともと大阪府豊中市の服部緑地に設置されていたところを、他の施設とともに奄美大島に移設されたからであった。

奄美アイランドを運営する一般財団法人奄美文化財団原野農芸博物館では、1958年より国内外の農具や民具の収集を始め、このコレクションを中心とした服部農業博物館を1964年に設立した。その後、1968年に原野農芸博物館と改名、1988年に大阪府豊中市から鹿児島県奄美大島へと移転し、1992年には財団法人となり現在に至っているとのことだった。

北海道から移設された駅舎

9（N59）は、白い木造建築の軒下に保存されているが、これは旧胆振線・壮瞥駅の駅舎だった建物を、オークションにより落札して移設したものとのことだった。移設に際しては、一部で原形とは異なる形となったようだが、北海道から遠く離れた南の島で、京都市電とともに保存されているのは、なんとも不思議な光景だった。

ほかにも、晩年は急行「だいせん」で活躍していた20系客車のナハ21 11、ナハ21 16、ナハネフ22 1002が保存されていたが、老朽化により車体は解体撤去され、台車の「TR55B」が一基だけ残されていた。

奄美アイランドは、住用湾にすぐ面した立地であるため潮風の影響を強く受けるようで、せっかく残された台車ではあったが、塩害によってボロボロに腐食した状態となっていた。

「奄美アイランド」には3両の20系客車も保存されていたが、老朽化により撤去され、台車の「TR55B」が一基だけ残されている

ほとんどの部分で原形を維持

活躍していた京都から、大阪へと移され、さらに奄美大島へと渡ってきた9（N59）であるが、ほとんどの部分が原形を維持しており、これまで丁寧に扱われてきたことが伝わってきた。

二重屋根の上にはトロリーポールもきちんと存置され、窓枠や保護棒、軒下に付けられた飾り、運転台の天井に取り付けられたゴングなども健在だった。前面と側面の京都市交通局の局章もきちんと再現され、色褪せてはいるものの、現役最晩年の頃のカラーリングがしっかり守られているようだった。

二重屋根の上にはトロリーポール、屋根の裏にはゴング、その手前にはスイッチなども見える。右側の軒下には装飾金具も残っている

貴重なブリル台車を間近で見る

明治時代から大正時代にかけて、黎明期の電気鉄道で多く採用されたのが、アメリカのブリル社の台車で、9（N59）もブリル21—Eを今も履いている。台車を間近で見てみると、バネが多用

された丁寧な造りであることが伝わってくる。多くの路面電車に採用され、長い寿命を保ったのは、それだけバランスの取れた優秀な設計であったことが窺われる。

明治から大正にかけて、日本各地の路面電車に採用され、もはや台車の代名詞のようであったブリル社の21-Eも、いまや貴重な存在だ

心配される潮風の影響

屋根に守られて保存されている9（N59）ではあるが、横方向から吹きつける潮風に対しては無防備な状態であるため、ブリル台車などには錆が出ており、塗装が一部で浮き上がっている状態であった。

車体にも、ところどころに傷みが見られる状態で、出入台のところのステップが、腐食により外れた状態になっていた。

完全な露天で保存されているTR55Bほどの傷み具合ではないものの、やはり塩害によるダメージは避けられない状況で、今後とも注意が必要と思われた。

一部にダメージが出ている様子で、出入台のステップも外れていた。これ以上の劣化が進行しないうちに、対策が必要と思われた

今後の9（N59）については？

一般財団法人奄美文化財団原野農芸博物館では、民俗学に関する調査・研究を行なうと共に、民俗資料の収集・保管・展示公開等の活動を行っている。そうした中で、9（N59）と、他のコレクションが有機的に結びついているかというと、訪れた時の率直な感想としては、その様子は感じられなかった。

国内では、一度保存されたN電が、再び別の所有者へと譲渡され、再整備を受けて活かされたというケースも存在している。

9（N59）には、奄美大島の子供たちに、本物の電車を知ってもらうという大切な意義もある。そのいっぽうで、劣化は今後も進行することが予想される。まだ修復が可能なうちに、コレクションの再配置ということも、一つの選択肢として検討がなされても良いのではないかと感じられた。

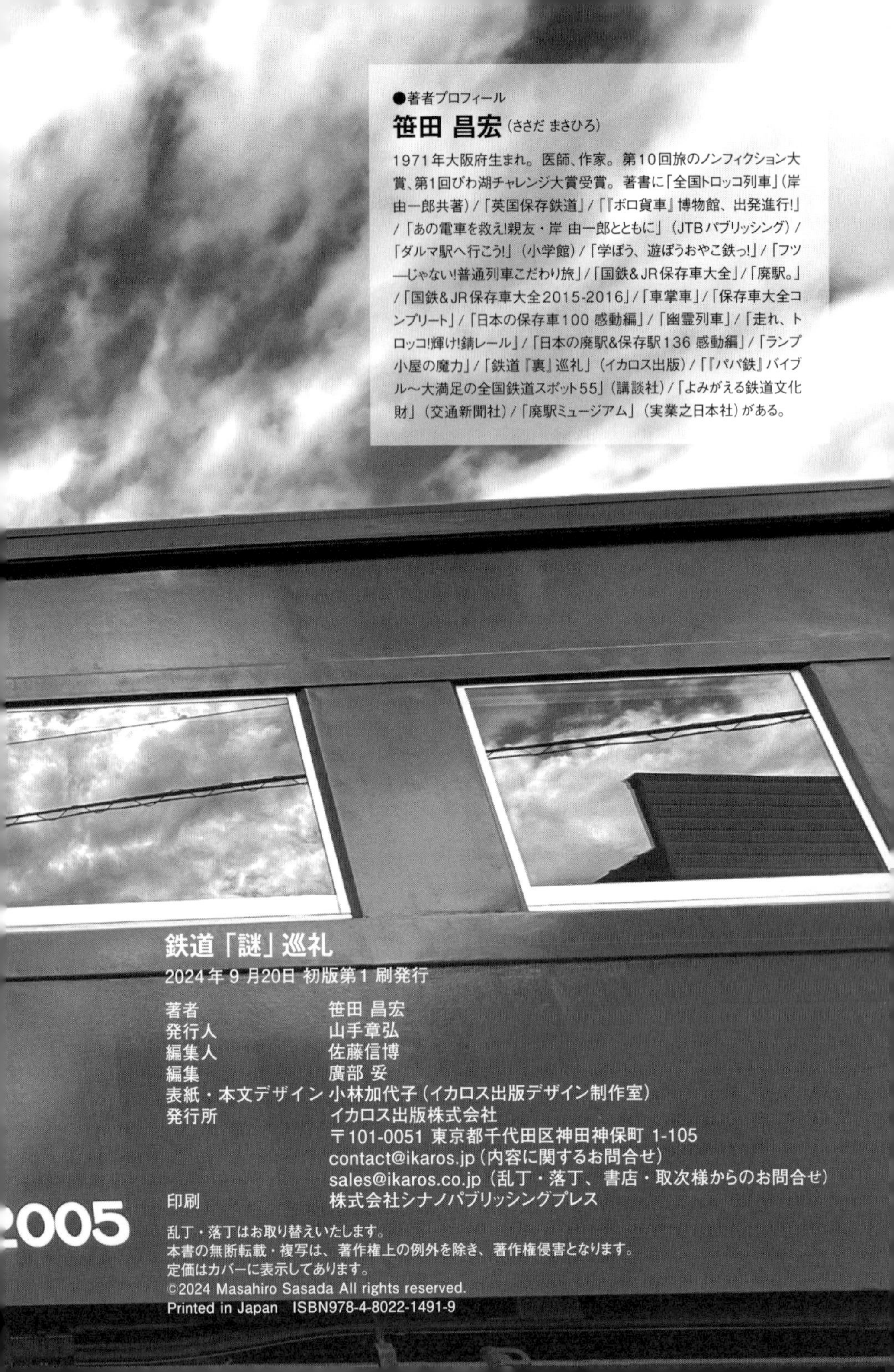

●著者プロフィール

笹田 昌宏（ささだ まさひろ）

1971年大阪府生まれ。医師、作家。第10回旅のノンフィクション大賞、第1回びわ湖チャレンジ大賞受賞。著書に「全国トロッコ列車」（岸由一郎共著）/「英国保存鉄道」/「『ボロ貨車』博物館、出発進行!」/「あの電車を救え!親友・岸 由一郎とともに」（JTBパブリッシング）/「ダルマ駅へ行こう!」（小学館）/「学ぼう、遊ぼうおやこ鉄っ!」/「フツーじゃない!普通列車こだわり旅」/「国鉄&JR保存車大全」/「廃駅。」/「国鉄&JR保存車大全2015-2016」/「車掌車」/「保存車大全コンプリート」/「日本の保存車100 感動編」/「幽霊列車」/「走れ、トロッコ!輝け!錆レール」/「日本の廃駅&保存駅136 感動編」/「ランプ小屋の魔力」/「鉄道『裏』巡礼」（イカロス出版）/「『パパ鉄』バイブル～大満足の全国鉄道スポット55」（講談社）/「よみがえる鉄道文化財」（交通新聞社）/「廃駅ミュージアム」（実業之日本社）がある。

鉄道「謎」巡礼

2024年9月20日 初版第1刷発行

著者	笹田 昌宏
発行人	山手章弘
編集人	佐藤信博
編集	廣部 妥
表紙・本文デザイン	小林加代子（イカロス出版デザイン制作室）
発行所	イカロス出版株式会社 〒101-0051 東京都千代田区神田神保町 1-105 contact@ikaros.jp（内容に関するお問合せ） sales@ikaros.co.jp（乱丁・落丁、書店・取次様からのお問合せ）
印刷	株式会社シナノパブリッシングプレス

Printed in Japan ISBN978-4-8022-1491-9